UOMINI E DONNE

88

Beatrice Immediata

GIUSEPPE MOSCATI

Un uomo un medico un santo

Foto dell'inserto:
© Archivio S. Giuseppe Moscati presso la Chiesa del Gesù Nuovo, Napoli (pp. 1, 2, 3, 5 [Madonna buon Consiglio], 6 [Chiesa Gesù Nuovo], 7 [Urna resti di Moscati]); B. Immediata (pp. 4, 5 [cortile Ospedale Incurabili], 6 [rampa di accesso Farmacia], 7 [campanile e abside]); Osservatore Romano (p. 8).

2ª edizione, 2009

PAOLINE Editoriale Libri

© FIGLIE DI SAN PAOLO, 2008
Via Francesco Albani, 21 - 20149 Milano
www.paoline.it
edlibri.mi@paoline.it
Distribuzione: Diffusione San Paolo s.r.l.
Corso Regina Margherita, 2 - 10153 Torino

*L'ingegno umano così possente,
capace di manifestazioni di bellezza
di verità e di bene,
non può essere che divino.
E l'anima e il pensiero umano
a Dio devono ritornare.*

Giuseppe Moscati

PREMESSA

Il dottor Moscati

Se vi trovate a Napoli, magari di passaggio, fate un salto alla chiesa del «Gesù Nuovo»[1], nel cuore della Napoli antica, e andate a dargli un saluto. Si trova nella navata destra. Accanto all'altare vi accoglie una statua in bronzo[2] che lo ritrae col camice e lo stetoscopio al collo, strumenti della sua professione di medico. A osservarlo si ha l'impressione che stia sulla porta dello studio ad aspettarvi, mentre quel suo sguardo intenso vi fissa con simpatia.

Quest'uomo ha avuto una esistenza breve (morì a soli 46 anni nel 1927), ma ha lasciato un profondo ricordo nella memoria collettiva partenopea e non in quella soltanto. Ha conosciuto grandi personalità del mondo della medicina dell'epoca, come il professor Antonio Cardarelli, il luminare della medicina napoletana del Novecento; della solidarietà umana e della carità evangelica come il beato Bartolo Longo, il Fondatore del Santuario e delle Opere di Pompei; la beata Caterina Volpicelli, dell'alta borghesia napoletana che scelse di vivere la sua consacra-

---

[1] La chiesa del «Gesù Nuovo» di Napoli viene così denominata per distinguerla dalla più antica chiesa del «Gesù», costruita nell'anno 1568. Il «Gesù Nuovo» fu realizzato attraverso la trasformazione del palazzo rinascimentale di Roberto Sanseverino, principe di Salerno, acquistato dai Gesuiti che ne trasformarono l'interno (1584) lasciando intatta la splendida facciata in bugnato.

[2] La statua è alta 2 metri e 40 centimetri, omaggio riconoscente dello scultore veneziano Pier Luigi Sopelsa per una grazia ricevuta dalla moglie, signora Armida.

zione a Dio nella società e si prodigò per molte opere umanitarie e religiose.

Medico di grande prestigio, formatore di giovani medici, ricercatore instancabile, uomo di grande cultura, Moscati fu allievo e medico personale di Cardarelli che lo aveva in grande considerazione. Ma egli era soprattutto «il medico dei poveri», appellativo con cui è passato alla storia.

La medicina era la sua vocazione. «Io posso servire bene il Signore nella mia professione di medico», disse un giorno ai suoi studenti che gli chiedevano se fosse orientato a farsi sacerdote.

«Ricordatevi che non solo del corpo vi dovete occupare», scriveva a un giovane medico condotto, «ma delle anime afflitte che ricorrono a voi. Quanti dolori voi lenirete più facilmente con il consiglio e scendendo nello spirito, anziché con le fredde prescrizioni da inviare al farmacista!».

Curare, lenire il dolore, confortare coloro che soffrono, additare loro una speranza superiore... fu la sua missione di medico e di cristiano. E questi principi trasmetteva ai giovani medici dei suoi corsi.

L'arcivescovo di Amalfi, mons. Ercolano Marini, amico del Moscati, fu il suo primo biografo. Nel 1929, ad appena due anni dalla morte del dottore, sollecitato da varie parti, scrisse *Il prof. Giuseppe Moscati della Regia Università di Napoli*[3].

Il libro suscitò subito grande interesse, non solo in Italia ma anche all'estero, e in meno di un anno si dovette ristamparlo: seimila copie diffuse! Per quei tempi (analfabetismo ad alta percentuale, livelli culturali piuttosto

[3] E. Marini, *Il prof. Giuseppe Moscati della Regia Università di Napoli*, Ed. Giannini e Figli, Napoli 1930².

scarsi) fu un vero record editoriale. La figura del giovane dottore diventò di colpo un punto di riferimento per i bisogni di chiunque, considerato come un angelo tutelare con poteri di sicura intercessione presso Dio. I miracoli, o comunque interventi fuori delle possibilità naturali, fiorivano dovunque lo si invocava.

San Giuseppe Moscati è stato canonizzato da Giovanni Paolo II in Piazza san Pietro nel 1987. Ma da tutti, e specialmente dai suoi concittadini, è chiamato semplicemente «il dottor Moscati», da sempre. E continuano a chiamarlo così.

Testimone umanissimo del Vangelo, il dottor Moscati può essere considerato «un compagno di viaggio», un punto di riferimento umano e cristiano non solo nell'ambito della professione medica ma per chiunque, e qualunque sia la sua scelta di vita e la professione che esercita.

Forse ci si chiede perché scrivere una nuova biografia del dottor Moscati visto che ne esistono già diverse.

A parte la considerazione che sui santi non si medita mai abbastanza per quell'aura di mistero che avvolge la loro vita e le loro esperienze... perché sconfinano nel mistero affascinante del «totalmente Altro», in questo caso si tratta di una motivazione affettiva che risale all'adolescenza dell'Autrice: la lettura casuale di una biografia di quest'uomo straordinario mai più dimenticato.

Oggi, a molti anni di distanza, questo libro vuole essere un modesto tributo di affetto verso una grande figura di uomo, di medico e di santo del nostro tempo. Anche perché la storia di Giuseppe Moscati, a guisa di roveto che la fiamma arde ma non consuma, è ancora capace di affascinare e continua a sprigionare «faville di valori» nella caligine di questo nostro tempo.

L'AUTRICE

I
RADICI

«Peppino»

Giuseppe Moscati è nato a Benevento[1] il 25 luglio del 1880, quando il padre era presidente del Tribunale della città. Ma le radici secolari della famiglia Moscati sono a Santa Lucia di Serino, un piccolo centro in provincia di Avellino, ancora pieno di ricordi di famiglia. Qui era nato il padre, Francesco Moscati che, avendo intrapreso la carriera della magistratura, si trovò a esercitare la professione in diverse città. Fu giudice al Tribunale di Cassino, presidente del Tribunale di Benevento, consigliere di Corte d'appello ad Ancona e, in ultimo a Napoli, Presidente della Corte d'Appello.

Il giovane Francesco Moscati, dunque, giudice a Cassino, incontrò Rosa De Luca, figlia dei marchesi di Roseto. I due si sposarono nel 1868 ed ebbero nove figli[2].

Ma Francesco Moscati ebbe presto la nomina a presidente del Tribunale di Benevento, dove si trasferì con la fa-

---

[1] Benevento è una piccola città di origini antichissime. Attualmente conserva ancora tracce che ricordano epoche lontane e tumultuose della storia del Sannio. Nei dintorni, la storica Valle del Caudio, luogo delle famigerate *forche caudine* subite dai Romani nella disfatta della battaglia tra Sanniti e Romani nel 321 a.C. In città, celebre l'Arco di Traiano e il Teatro romano, rispettivamente del 114 e del 200 d.C. Monumenti che ricordano gli antichi splendori della città ma anche una certa soggezione al dominio romano.

[2] Gennaro, il primogenito; Alberto, le gemelle Maria e Anna, morte dopo pochi anni, e un'altra Maria che morirà anch'essa a soli quattro anni. Poi venne Anna, chiamata affettuosamente Nina. Poi Giuseppe, Eugenio e Domenico.

miglia. Qui nacque Giuseppe, settimo della numerosa brigata. In casa veniva chiamato affettuosamente «Peppino», e così dagli amici.

Nel 1883 i Moscati hanno un tragico lutto. Nel terremoto che sconvolse l'isola d'Ischia il 28 luglio di quell'anno, vi morirono due fratelli del magistrato, Domenico e Alfonso Moscati che non furono mai ritrovati, inghiottiti dalle voragini. Il magistrato Francesco Moscati, nel suo lutto, era sconsolato anche per il fatto che i suoi fratelli non potessero riposare nella terra degli avi, ma rimanevano dispersi in un punto imprecisato delle voragini vulcaniche ischitane.

Il sisma raggiunse gli otto gradi della scala Mercalli. La tragedia ebbe vaste proporzioni e causò alcune migliaia di morti e centinaia di feriti tra residenti e forestieri. Questo perché vi si trovavano molte persone in vacanza o in cura nelle sorgenti termali dell'Isola. Il filosofo e storico Benedetto Croce, che allora aveva diciassette anni, si trovava a Ischia in vacanza con la famiglia che perì sotto le macerie. Benedetto fu l'unico superstite insieme al fratello che era partito per Napoli proprio quel pomeriggio.

«(...) Un rombo si udì cupo e prolungato, e nell'attimo stesso l'edificio si sgretolò su di noi. Vidi in un baleno mio padre levarsi in piedi e mia sorella gettarsi nelle braccia di mia madre; io istintivamente sbalzai sulla terrazza che mi si aprì sotto i piedi, e perdetti ogni coscienza. Rinvenni a notte alta e mi trovai sepolto fino al collo. Sul mio capo scintillavano le stelle»[3].

Uno scrittore francese, Guy De Maupassant, venuto a Ischia due anni dopo, descrive gli effetti, ancora visibili, della catastrofe.

---

[3] B. Croce, in Aa.vv., *Ischia, storia di un'isola vulcanica*, Napoli 1987.

«(...) I tetti caduti nelle cantine. Guardiamo con terrore in quei buchi neri, poiché laggiù ci sono ancora uomini. Non tutti sono stati ritrovati... Ci guida un ragazzo di vent'anni. Ha perso tutti i suoi, e lui stesso è rimasto due giorni sepolto sotto i muri della sua abitazione. "Se i soccorsi fossero arrivati prima", dice, "si sarebbero potute salvare duemila persone in più. Ma i soldati sono arrivati solo il terzo giorno". I morti furono circa quattromilacinquecento.

"La terra si è sollevata", raccontano gli abitanti, "come se stesse per saltare in aria". In meno di cinque minuti la città fu rasa al suolo. Lo stesso fenomeno si riprodusse nei due giorni successivi alla stessa ora, ma non c'era più niente da distruggere»[4].

Ischia è stata un'isola totalmente vulcanica fin dall'antichità. Infatti, gli imperatori romani, a causa dei frequenti sussulti sismici all'epoca più frequenti, le preferirono la tranquilla Capri. Ma quel 28 luglio del 1883 segnò la catastrofe più terribile della storia dell'Isola.

A Benevento la famiglia Moscati vi rimase soltanto quattro anni. Infatti, un anno dopo la nascita di Giuseppe, il padre fu promosso consigliere alla Corte d'Appello di Ancona dove rimase altri quattro anni. Infine, arrivò la nomina a giudice della Corte d'Appello di Napoli. Ormai, all'apice della sua carriera di magistrato, Francesco Moscati si trasferì definitivamente nella città partenopea con la famiglia. È il 1884. Fu l'ultimo trasferimento dei Moscati.

Santa Lucia di Serino

Napoli è la terra di adozione di Giuseppe Moscati fin dalla fanciullezza. Ma Santa Lucia di Serino è il paese degli antenati.

---

[4] G. De Maupassant, *La vie errante*, Ollendorff 1890, traduzione di L. Di Costanzo in *Dadapolis*, Einaudi, Torino 1989.

Osservo le targhe di due antiche vie del paese: «Via Moscati» e «Via Chiarella», dedicate al ramo maschile e a quello femminile delle rispettive famiglie, unite da vincoli di matrimonio. Oggi, la piazzetta di fronte al Municipio si chiama «Piazza san Giuseppe Moscati»: omaggio affettuoso a uno degli ultimi discendenti dell'antico casato dei Moscati dai suoi amati concittadini.

La predilezione dei Moscati, dunque, restò sempre Santa Lucia di Serino. Infatti, ogni anno la famiglia vi si trasferiva per le vacanze estive. Allora si diceva *la villeggiatura* ed era un lusso consentito soltanto a persone benestanti, dato il livello economico generale dell'epoca piuttosto modesto se non scarso.

Quei luoghi nel folto dell'Appenino Campano erano particolarmente adatti a sperimentare il contatto con la natura e i suoi linguaggi, respirarne i profumi, coglierne i sapori... col ritorno alle proprie radici alimentate dalla memoria di esperienze lontane nel tempo. Qui i bambini erano liberi di correre senza pericoli per le radure e i boschi di faggi e di castagni. E tutti si ritempravano al clima fresco e salubre dell'Irpinia prima di ritornare a quello, certamente meno salubre, della città.

Noi siamo, in qualche modo, le nostre radici. Le esperienze dell'infanzia rimangono incancellabili nella memoria come *siti* esclusivi, riservati e particolarmente cari anche nell'età adulta. Anzi, col tempo, quei ricordi si trasfigurano; assumono una colorazione idealizzata della realtà vissuta e il loro ricordo diventa particolarmente pungente.

Più tardi, Peppino, quando sarà il *dottor Moscati*, scriverà con affettuosa nostalgia dei suoi monti e della sua terra.

Durante un viaggio a Edimburgo nel 1923, in occasione del Congresso di Fisiologia che si tenne in quella città, osservando dal treno i fiumi e le valli chiuse dai monti e le colline ricoperte di castagni, non può non pensare ai luoghi amati dell'infanzia.

«Come è simile questo paesaggio a quello indimenticabile di Serino, l'unico posto al mondo, l'Irpinia, dove volentieri trascorrerei i miei giorni, perché rinserra le più care, le più dolci memorie della mia infanzia»[5].

Di ritorno dal Congresso fa una tappa a Lourdes al Santuario della Madonna. Anche qui gli sembra di ravvisare i monti della sua Serino: un'idea fissa. «Il lato verso la Basilica con il suo ampio orizzonte e la cintura di montagne e il bel suono delle campane mi ha fatto ricordare Serino»[6].

E altra volta: «Oh, dolci memorie dell'infanzia, dei monti di Serino! Cose e persone del paese di mio padre mi sono fitte nel cuore, indelebili»[7].

Ma com'è questo luogo così celebrato dalla memoria del dottore?

È un antico villaggio dell'Appennino Campano. Sorge sulle pendici del Monte Faggeto con la ridente vallata sottostante. Attualmente, pur conservando l'antica struttura, vi si nota l'aria del progresso. Oggi conta circa 1500 abitanti, ma ai tempi del dottore dovevano essere molto di meno. Un ambiente agricolo, tranquillo.

Una corona di monti e strette colline incombe letteralmente sulle case come in un abbraccio. Vi si respira un silenzio agreste che avvolge le antiche strade. Costruzioni nobiliari e casette modeste si alternano lungo la strada principale e nei vicoli interni. Alcune, imponenti nell'architettura, ricordano antichi casati di nobiltà terriera, intrise di tracce secolari, altre invece sono state ristrutturate con criteri moderni.

Sulla facciata del palazzo Moscati, una costruzione cinquecentesca con eleganti soluzioni architettoniche, c'è ancora la porta d'ingresso alla cappella. Qui, spesso, i Mosca-

---

[5] E. Marini, *Il prof. Giuseppe Moscati della Regia Università di Napoli*, Ed. Giannini e Figli, Napoli 1930².
[6] *Ibidem*.
[7] *Ibidem*.

ti facevano celebrare la messa. Nell'atrio del palazzo c'è ancora lo stemma della famiglia dipinto a colori sul soffitto.

Nei vicoli solitari e in qualche esigua piazzetta oggi camminano i ricordi.

Un uomo, molto avanti negli anni, racconta che suo padre ricordava bene «il dottore»: «Visitava, operava e non voleva mai un soldo». L'uomo continua a raccontare nonostante il freddo gelido che scende dai monti, vicinissimi. «Vede quella casa a due piani? Era proprietà dei Moscati. La donarono alla domestica che aveva lavorato tanti anni nella loro casa. E quella villa ristrutturata al di là della strada, era proprietà dei Chiarella».

«Lungo questa strada», continua l'uomo, «era tutta proprietà dei Moscati e dei Chiarella, i due rami del casato. Ma quasi tutto il villaggio era di loro proprietà, da generazioni».

I Moscati, dunque, appartenevano al ceto benestante dell'epoca, appartenevano cioè a quella borghesia terriera che annoverava nel suo patrimonio estese proprietà sia in città che nelle campagne. E tra i suoi rampolli si contavano valenti professionisti che, spesso, ricoprivano alte cariche politiche.

I Moscati erano prodighi di aiuto per quanti fossero nel bisogno.

Bisognerà ricordare che siamo ai primi del Novecento, con tutti i problemi di precarietà sociale, principalmente economica, tra la maggioranza della popolazione.

All'epoca il decollo industriale non era ancora avvenuto. Non esisteva la classe media né i lavoratori, per lo più braccianti agricoli che lavoravano dal mattino presto al calar del sole, avevano tutela alcuna; tantomeno un salario adeguato che consentisse di vivere con dignità. Esistevano i ricchi e i poveri che, spesso, vivevano in miseria. Situazione che si protrae largamente oltre i primi del Novecento, specialmente al Sud della Penisola.

In una Italia ancora priva di infrastrutture, l'aiuto ai più bisognosi veniva dalla Chiesa e da persone benestanti che fossero sensibili ai bisogni dei più poveri. I Moscati erano tra queste.

Tra le costruzioni di rilievo del paese, c'è l'antico e immenso Monastero delle monache Clarisse che risale al Seicento[8]. Nella chiesa parrocchiale, come nel convento delle Clarisse, si trova una cappella dei Moscati, secondo l'uso delle famiglie benestanti dell'epoca.

I Moscati erano benefattori anche delle Clarisse. In questo monastero, durante i secoli, parecchie ragazze dei Moscati furono monache e abbadesse. Nell'archivio del Monastero si leggono ancora i loro nomi. Altre vi furono educande.

Nella bella chiesa del monastero[9] venivano a messa i Moscati durante le vacanze estive. Giuseppe vi si recava spesso a pregare in solitudine. Una suora clarissa mi indica il primo banco a sinistra, vicino all'altare, dove si inginocchiava a pregare «il dottore». E nel coro delle monache si conserva una sua reliquia in una teca d'argento.

Il magistrato Moscati, papà del dottore, era solito far visita alle Clarisse quando arrivava d'estate. Qui si trovava una sua cugina, sr. Maria Raffaella Moscati e spesso si tratteneva in conversazione con lei e le altre suore. Un giorno raccontò loro che il suo Peppino, che allora frequentava il liceo, nelle ore di libertà andava in qualche chiesa a pregare. Poi aggiungeva: «I miei figli sono tutti buoni, ma nessuno come Peppino».

Nelle parole di quest'uomo vi si coglie un tacito orgoglio di padre. Il magistrato era un uomo di grande fede e,

---

[8] La costruzione era un antico palazzo della famiglia Chiarella. Nel 1571 Paolo Chiarella lo donò al nipote fra Giulio. Il palazzo venne poi trasformato dal religioso nel Monastero dedicato a Santa Maria della Sanità.
[9] Chiesa di stile barocco, ricca di opere d'arte e con l'intero pavimento in piastrelle maiolicate del '700 con motivi floreali e paesaggistici.

indubbiamente, il notare il comportamento religioso di suo figlio non gli dispiaceva affatto, anzi, ne era orgoglioso al punto da raccontarlo.

Intuiva il padre già qualcosa di particolare nel suo ragazzo? Forse. Anzi, confidò alle suore la speranza che il suo Peppino, un domani, potesse avere la vocazione sacerdotale.

Il magistrato Moscati da giovane aveva desiderato farsi sacerdote. E andò a consultare un religioso. Questi, forse ispirato, gli rispose a bruciapelo: «Il Signore non vuole che siate sacerdote. Voi sarete un buon magistrato». Da allora il giovane smise di pensare al sacerdozio e proseguì i suoi studi forensi. Ma restò sempre un uomo di una fede profonda che trasmise ai suoi figli. Infatti, la moglie un giorno affermò: «Tutti dicono buoni i nostri figli, ma non dicono quali esempi hanno avuto». Indubbiamente si riferiva al marito, ma anche lei viveva una religiosità profonda e convinta, di cui più tardi faranno memoria i figli superstiti al Processo per la *Depositio* canonica del fratello.

Ma il progetto di Dio su quel ragazzo andava al di là delle speranze paterne.

Tuttavia, c'è da chiedersi se le osservazioni del magistrato sul suo ragazzo fossero di predilezione paterna, oppure intuizioni destinate a diventare profezia di futuro su quel figlio. I genitori, talvolta, non si sbagliano.

Infatti, la bontà e la generosità di questo ragazzo, nonché il suo genio straordinario, resteranno a lungo impressi in quanti avranno la fortuna di conoscerlo.

Napoli, l'antica Partenope

Nel 1884 il magistrato Francesco Moscati viene promosso alla Corte di Appello di Napoli. E la famiglia si trasferisce nella città partenopea.

Napoli è l'antica *Partenope* le cui origini sconfinano nel mito. Fondata da coloni greci in tempi molto remoti, distrutta poi ricostruita con l'appellativo di *Neapolis*, la nuova *polis*, la nuova città. Centro di antica cultura e di fermenti storici non sempre tranquilli, di dominazioni variegate, di conflitti mai sopiti... ma soprattutto città di una grande vitalità.

Napoli, dunque, sarà la città di adozione del futuro dottor Giuseppe Moscati; la palestra della sua vita professionale e spirituale. Ma ora, il dottore di domani ha soltanto quattro anni. Qui, più tardi, riceve la prima Comunione e la Cresima e viene guidato attraverso quei percorsi di fede cristiana così vivi nella famiglia. Il padre frequentava la chiesa dell'Arciconfraternita dei Pellegrini di cui faceva parte.

Durante le vacanze a Serino, il magistrato Moscati partecipava ogni mattina alla Messa nella sua cappella di palazzo o nella chiesa del monastero delle Clarisse insieme alla moglie. Il figlio Eugenio testimoniò al processo di canonizzazione del fratello che in casa si recitava il rosario ogni giorno. All'epoca, in quasi tutte le famiglie, era consuetudine a sera pregare insieme il rosario.

Qualcuno ricorderà il celebre film di Luchino Visconti, *Il gattopardo*; emblematica, al riguardo, la prima sequenza del film dove il Principe di Salina con la famiglia e la servitù recitano a sera il rosario nella cappella di famiglia. Una lodevole consuetudine che, in Italia, durò fino all'avvento della televisione, negli anni '50.

Da allora quello spazio serale è stato occupato dal telegiornale.

A Napoli la famiglia Moscati frequenta il palazzo di Caterina Volpicelli. La giovane apparteneva all'alta borghesia napoletana. Colta (aveva studiato lettere, lingue e musica, cosa insolita per le donne del tempo), all'improvviso abbandonò gli agi e il prestigio del suo rango per dedicarsi esclusivamente alla ricerca di Dio e al soccorso dei poveri. L'incontro casuale con padre Ludovico da Casoria[10] confermò la giovane nella scelta di vivere la sua consacrazione a Dio nella società. Si adoperò per diffondere la devozione al Sacro Cuore di Gesù, e si prodigò per molte opere umanitarie. Fondò anche una Congregazione religiosa, quella delle Ancelle del Sacro Cuore.

La casa della giovane Volpicelli era diventata un cenacolo di fede e di carità cristiana frequentato da molte persone in gruppi di preghiera, tra cui anche Bartolo Longo (che avrà larga influenza nella vita del dottor Moscati) e la contessa Marianna Farnararo, futura moglie e collaboratrice di Bartolo Longo nella fondazione del Santuario di Pompei e delle Opere pompeiane.

Tra le iniziative del gruppo, c'era l'adorazione giornaliera al SS.mo Sacramento, dove i vari membri si alternavano nei turni, oltre a opere di carità sul territorio.

---

[10] Il beato Ludovico da Casoria, religioso dei Francescani Alcantarini, fu professore di filosofia e matematica per vent'anni, poi si dedicò al riscatto dei bambini africani venduti schiavi e ai bambini italiani orfani e in difficoltà. Aprì diverse case di accoglienza per l'infanzia e fondò due istituti religiosi per l'assistenza all'infanzia bisognosa. Era chiamato «il frate dei senza nessuno». È stato beatificato da Giovanni Paolo II nel 1993.

II
CAMICE E STETOSCOPIO

« Sarò medico »

È il 1897. Giuseppe consegue brillantemente la maturità classica. Ha diciassette anni. Ora si tratta di scegliere l'indirizzo universitario per la carriera da intraprendere.

Essendo figlio di magistrato e col fratello maggiore già avviato agli studi forensi, probabilmente il padre avrà pensato che Giuseppe seguisse le loro orme. Ma, con sorpresa di tutti in famiglia, annuncia che ha scelto di iscriversi alla facoltà di Medicina. La madre, apprensiva come tutte le mamme, e conoscendo la sensibilità del figlio, pensa a come reagirà quel suo ragazzo a contatto continuo col dolore umano, come esige la professione del medico. Perciò esorta Giuseppe a riflettere su questa realtà futura. Ma il giovane la rassicura dicendole che è disposto anche a coricarsi nel letto dell'ammalato...

Risposta inaspettata ma dettata certamente dall'intenzione di rassicurare la madre. Tuttavia, oggi suona come profetica per la dedizione assoluta che il giovane medico prodigherà in futuro al capezzale degli infermi.

Il padre rispetta la scelta del figlio. Come uomo di fede sa che i figli sono «affidati» da Dio ai genitori perché li preparino a entrare nella vita. I genitori, si sa, coltivano sempre dei sogni sui loro figli, ma la realtà molto spesso si rivela differente dai loro sogni, come ricorda Kahlil Gibran, il poeta libanese:

«Ai vostri figli potete dare il vostro amore,
non i vostri pensieri:
hanno i propri pensieri.
La loro anima dimora nella casa del domani
che voi non potete visitare,
neanche in sogno.
E non potete far sì che essi siano simili a voi.
Voi siete l'arco dal quale, frecce vive,
i figli scoccano verso il futuro»[1].

E Peppino sarà medico. Iscritto alla Facoltà di Medicina, segue con assiduità e grande interesse il mondo misterioso e in gran parte sconosciuto della professione di Ippocrate. E come il grande medico greco, comincia a scandagliarne i segreti con la ricerca in laboratorio. Le sue ricerche vengono pubblicate sulle riviste mediche italiane e straniere.

Si può definire il giovane Moscati uno studente attento, riflessivo e studioso. Soprattutto di una grande sensibilità e discrezione, in una età in cui la competizione scolastica può farsi sentire molto forte. Un testimone dell'epoca fa luce su questo aspetto della personalità del giovane.

Ricorda il professor Alfredo Bevilacqua, compagno di corso del Moscati nella Scuola di Clinica degli Incurabili sulla fine del 1900:

«Sedeva vicino a me; era attento, serio. Ma quello che mi impressionò molto fu come egli, per quanto ancora principiante (Bevilacqua era all'ultimo anno del corso) rispondesse a tutte le domande che venivano rivolte dal professore agli allievi, ma tra sé e sé, senza che nessuno sentisse, tranne qualcuno vicinissimo. Non vi era domanda, anche

---

[1] K. Gibran, *Il profeta,* Paoline Editoriale Libri, Milano 2001.

difficile, a cui egli prontamente non rispondesse, anche quando questa rimaneva senza risposta dai più provetti. E non rispondeva mai ad alta voce quando il maestro diceva: "Nessuno lo sa?". Certo per non umiliare i più vecchi»[2].

È rilevante questa osservazione del compagno di corso: «... Certo per non umiliare i più vecchi». A Moscati interessa la conoscenza, l'addentrarsi nei meandri della medicina per cui non traspare ombra di compiacimento del suo sapere, acquistato peraltro con uno studio assiduo; tantomeno v'è in lui ombra di competizione.

Vicne da chiedersi come mai questa scelta di Giuseppe per la professione medica, visto che in famiglia vi sono interessi di carriera forense. Molti sono concordi nell'opinare che l'incidente e la malattia del fratello Alberto abbiano influito sulla scelta del giovane.

È il 1892. Le cose andarono così. Alberto, il secondogenito, un ragazzo vivacissimo, a sedici anni aveva vinto il concorso per l'Accademia Militare di Torino. A diciannove era tenente di artiglieria. Ma un giorno, durante una parata militare, cadde da un cavallo imbizzarrito e ne riportò un grave trauma cranico.

Dapprima sembrò che l'incidente non fosse così grave. Ma quando il giovane tornò a Napoli due anni dopo, la famiglia si rese conto della gravità della situazione. Il trauma gli aveva causato una forma di epilessia da cui, purtroppo, non guarirà mai.

La malattia di Alberto fu una esperienza molto dolorosa per tutta la famiglia. Le convulsioni che lo scuotevano, a volte duravano anche una intera giornata. Giuseppe, più giovane di dieci anni, trascorreva lunghe ore accanto al fratello. Non potendo alleviare il suo patire, almeno gli teneva compagnia col suo affetto.

---

[2] E. Marini, *Il prof. Giuseppe Moscati della Regia Università di Napoli*, Ed. Giannini e Figli, Napoli 1930[2].

Di fronte a tanta sofferenza in una vita così giovane e senza speranza di guarigione, Giuseppe fa esperienza della realtà penosa e talvolta tragica del dolore. Forse è di allora l'intuizione di «lenire il dolore» quando non lo si può eliminare, come scriverà più tardi a uno dei suoi studenti di medicina.

È probabile, dunque, che la sua scelta sia stata realmente suscitata da quella dolorosa, quotidiana esperienza accanto al fratello.

La morte del padre

In quell'anno, il 1897, Giuseppe ha il primo grande dolore della sua vita: la morte del padre.

È domenica 21 dicembre. Francesco Moscati va a Messa nella chiesa della Arciconfraternita dei Pellegrini, ma un malore lo costringe a ritornare a casa. Una emorragia cerebrale lo porta alla tomba in due giorni. Lucido, affida la famiglia alle cure del primogenito, Gennaro. E serenamente entra nell'altra vita.

Per la Famiglia Moscati si prospettano giorni difficili. I più piccoli sono da seguire e poi c'è Alberto sempre ammalato. Ma la fede sostiene nelle angosce e nelle preoccupazioni di vario genere. Ora Giuseppe, alle prese con gli studi universitari, certamente si sente più solo. Ma la vita continua e bisogna trovare il coraggio di andare avanti.

Intanto Gennaro, il primogenito già avvocato, sostituisce il padre in famiglia. Molti anni dopo Giuseppe se ne ricorda con riconoscenza, sottolineando che questo fratello maggiore ha fatto veramente le veci del padre in famiglia e si è occupato in tutto di loro che erano più piccoli. Perciò, per lui «è doveroso il rispetto e l'ossequio di tutti».

Anni più tardi, il dottor Moscati scriverà a un suo collega per confortarlo della morte del padre: «Con vivissimo cordoglio ho appreso la scomparsa del vostro amatissimo padre! Comprendo lo strazio di famiglia! Anche io l'ho provato e da ragazzo. Sembrava che mio padre avesse lasciata derelitta la sua famiglia! Ma Iddio si sostituisce a colui che vuole con sé. E voi e i vostri sentirete la protezione che vi prodigherà, sempre presso di voi ma invisibile, l'anima del genitore!»[3].

Da queste parole si comprende il dolore profondo che dovette sperimentare il giovane Moscati con la morte di suo padre se, molti anni dopo, se ne ricorda in modo così dolente. Ma è anche evidente in lui una fede altrettanto profonda: «Iddio si sostituisce a colui che vuole con sé...».

La fede non elimina il dolore ma aiuta ad accoglierlo nella pace. Soprattutto nella fiducia che non siamo abbandonati da Dio, ma che egli si prende cura di noi come e più di chi ci ha lasciati. E, inoltre, elemento non trascurabile, la fede di Moscati nella «comunione dei santi», con quelli cioè che sono già nell'altra dimensione di vita, i nostri morti, che sono sempre presso di noi, anche se invisibili, a proteggerci.

La carriera medica

Intanto Moscati, oltre allo studio, si dedica con assiduità alla ricerca di laboratorio. Infatti, arriva alla laurea in medicina con 27 pubblicazioni scientifiche. Ed ha soltanto 22 anni. Si laurea, con lode, il 4 agosto del 1903 con una tesi su l'*Ureogenesi epatica*, che è dichiarata idonea per essere data alle stampe.

Lo stesso anno della laurea vince il Concorso pubblico come *Assistente Ordinario* degli Ospedali Riuniti. Al Concorso, su 21 classificati, Moscati risultò secondo.

Poco dopo partecipò anche al Concorso per *Coadiutore straordinario* degli Ospedali Riuniti. Il professor Al-

[3] *Ibidem.*

fredo Bevilacqua ricorda che Moscati risultò primo in questo Concorso, e la cosa sbalordì gli esaminatori e i colleghi, visto che Moscati era appena laureato[4].

Al Concorso partecipavano numerosi concorrenti, tra cui i più colti medici e liberi docenti del Mezzogiorno. E si trattava di sei posti soltanto. Tra l'altro, il concorso non si bandiva dal 1880, perciò i concorrenti erano numerosi. Tale concorso apriva la possibilità a diventare primario o docente di ospedale.

Moscati è il più giovane tra i concorrenti ma il suo successo è tale che strappa applausi alla commissione e al pubblico presente in sala.

Eugenio Moscati, nella sua deposizione al Processo per la beatificazione del fratello, raccontò del grande successo di quel giorno e della dichiarazione del professor Antonio Cardarelli, in Commissione, che affermò come in sessant'anni di insegnamento non si era mai imbattuto in un giovane così dotato. Infatti, in seguito il giovane Moscati gli fu molto caro e lo ebbe poi come medico personale per tutta la vita.

E il professor Castronovo ricorda che, tutti i presenti a quel Concorso, furono presi da grande ammirazione per le prove d'esame di Moscati. Gli stessi concorrenti riconobbero il merito indiscusso del giovane collega e, deponendo ogni rivalità, si dimostrarono addirittura orgogliosi del suo talento.

Moscati aveva innato il senso della giustizia. Lo rivela questo episodio accaduto durante gli esami dello stesso Concorso. Egli si accorse che la Commissione esaminatrice maltrattava un suo amico e collega, concorrente come lui, che non aveva nessuna raccomandazione, e «fu preso da tale sdegno», racconta il professor Michele Landolfi, «che non temette di insorgere contro il Presidente con

---

[4] *Ibidem.*

parole così energiche e violente da indurre la Commissione a rettificare alquanto il suo giudizio. Malgrado questo episodio, dopo la lettura del lavoro di Peppino Moscati, si delineò tale clamoroso successo che si tramutò in vera apoteosi. Il Presidente, illustre magistrato, cadutogli ogni rancore, di fronte a tanta cultura, a tanto sapere geniale, fu il primo a congratularsi fra gli applausi entusiastici dei concorrenti e del pubblico»[5].

Si delinea già la bravura intellettuale del giovane medico.

L'«Ospedale di Santa Maria del Popolo degli Incurabili»[6] era l'ospedale più antico di Napoli e anche il più prestigioso. Dopo il successo del Concorso a Coadiutore medico, Moscati si trovò a lavorare nelle corsie dell'ospedale proprio con quei medici che dal 1880 avevano aspettato con ansia quel Concorso, decisivo per la loro carriera medica, e che lui aveva scavalcati con tanta bravura. Ma la modestia del giovane medico, il suo tratto gentile e la sua profonda coscienza professionale, gli conciliarono la simpatia di tutti, senza rancori. Anzi, la loro fiducia in lui e nella sua competenza clinica crebbe al punto che, spesso, lo invitavano a consulto presso i loro ammalati privati.

La vita continua con i suoi eventi, non sempre pacifici. E il dolore si affaccia ancora nella vita del giovane Moscati. Il 2 giugno del 1904, muore il fratello Alberto. Aveva soltanto trentatré anni. Alberto Moscati, già sofferente per l'incidente di Torino[7], aveva lasciato la famiglia e si era riti-

---

[5] *Ibidem*.
[6] L'aveva fondato una nobildonna spagnola nel 1522, Maria Longo, vedova di Giovanni Longo, ministro del re di Napoli, donna colta e influente che ne curò la direzione per 12 anni. Attrezzatissimo, vi operavano medici illustri. E vi confluivano malati da ogni parte d'Europa. Per la sua alta specializzazione era riservato a pazienti con patologie all'epoca considerate «incurabili». Attorno all'ospedale vi erano altre Opere che Maria Longo aveva voluto, tra cui il «Ricovero delle pentite» per il recupero delle ragazze cadute nella prostituzione e che volevano cambiare vita.
[7] Vedere p. 23.

rato presso la comunità dei Fatebenefratelli di Benevento. Per il dottor Moscati si rinnovava il dolore che aveva già sperimentato, pochi anni prima, con la morte del padre.

Il Vesuvio

Una delle realtà più celebrate della città di Napoli, che ne tesse l'incanto e il fascino particolare, è certamente il Vesuvio. Indicativa è la descrizione che ne fa il grande Goethe in uno dei suoi viaggi in Italia, il 2 giugno 1787[8]:
«... Ed io vidi quello che nella vita non si può vedere che una volta. Stavamo a un balcone dell'ultimo piano, col Vesuvio proprio di fronte; la lava scorreva. Essendo il sole tramontato da un pezzo, si vedeva la corrente di fuoco rosseggiare, mentre la fiamma incominciava a indorare la nuvola di fumo che l'accompagnava; la montagna faceva sentire profondi boati; sulla cima un pennacchio enorme, immobile, le cui differenti masse venivano squarciate a ogni sbuffo come da lampi e illuminate a rilievo. Da lassù fino alla marina, una striscia rovente fra vapori arroventati; e mare e terra, rocce e cespugli, distinti nella luce del crepuscolo, in una calma luminosa, in una pace fantastica... A completare lo spettacolo meraviglioso, la luna piena sorgeva dietro le spalle della montagna: era una cosa da farmi sbalordire!».

Tuttavia la descrizione poetica dello scrittore tedesco dovrà affiancarsi ad altre realtà, purtroppo tragiche, di cui il Vesuvio è stato causa durante i secoli.

Questo vulcano, ora spento, sembra fosse sconosciuto fino al primo secolo dopo Cristo. Si risveglierà nel febbraio del 62 d.C. con effetti devastanti ma abbastanza contenuti, secondo gli storici. Purtroppo, si risveglierà di nuovo nel tragico agosto del 79 d.C., quando distrugge

---

[8] J.W. Goethe, *Viaggio in Italia: 1786-1788*, Rizzoli, Milano 1999.

completamente le città di Pompei ed Ercolano e, nel raggio di molti chilometri, tutti gli abitati suburbani della zona vesuviana. Plinio il Giovane, che si trovava a Capo Miseno presso lo zio Plinio il Vecchio, che morirà nell'eruzione, ne dà una descrizione dettagliata[9].

Il vulcano rimane attivo nei secoli con varie eruzioni, alternate a periodi di riposo, ma sempre abbastanza contenute, fino al 1944, l'anno dell'ultima eruzione a cui segue un periodo di riposo che dura tutt'ora, eccetto piccoli terremoti e fumarole all'interno del cratere, peraltro continuamente monitorato dal *Centro Sismologico Vesuviano*.

Una di queste eruzioni è quella cui si riferisce Goethe.

Ma nel 1906 vi fu un'eruzione catastrofica. Dalla cima del Vesuvio escono torrenti di lava incandescente; cenere e lapilli si riversano sui centri vicini creando panico negli abitanti della zona. Questi abbandonano in tutta fretta le loro case per mettersi in salvo.

Il quotidiano *Il Mattino* del 22 aprile del 1906 pubblica un articolo della scrittrice Matilde Serao che dà un'idea di quella che fu veramente un'eruzione terribile, difficile da dimenticare:

«La ferrovia Circumvesuviana è interrotta; si comprende quanto sia difficile andare dove è necessario, e andarvi presto, e andarvi utilmente. Lasciamo la città in uno stato penoso, in una quiete insolita. Qualche cosa di mobile ogni tanto ci viene incontro dirigendosi verso Napoli: è un carretto, sono due carretti, sono vari carretti carichi di masserizie... Ci voltiamo a guardare questi ultimi fuggiaschi; giacché da 15 ore tutti fuggono in tutte le direzioni, specialmente verso Napoli. E portoni sbarrati, imposte sbarrate; il vuoto assoluto, l'abbandono assoluto.

Città di sogno: Portici, Resina, Torre del Greco fra i giardini degli aranci e il mare, ora sono senz'anima, città

---

[9] Cfr. Plinio il Giovane, *Lettere ai familiari*, Rizzoli, Milano 2000.

abbandonate e morte. E non vi è nessuno che ci narri, quale e quanto sia stato il panico che ha fatto fuggire tutti di notte, all'alba, nella mattinata... Noi lo conosciamo, perché vediamo con i nostri occhi l'abbandono e la morte... Ma vissero mai Portici, Resina e Torre del Greco? Vi furono persone, un tempo, in queste case e in queste vie?

Colossale si leva il pino di cenere sulla montagna: e cenere e nuvole e vapori nulla ci fanno scorgere, se non le saette frequenti di colori svariati che tagliano il grigio livido, il grigio opaco; e la vita è soltanto lì sul monte di orrore, e qui nulla è più vivo».

Torre del Greco

Gli Ospedali Riuniti di Napoli hanno un distaccamento nella cittadina di Torre del Greco, quindi nell'area vesuviana, a soli sei chilometri dal Vesuvio. In questo ospedale si trovano ricoverati molti ammalati anziani, parecchi dei quali invalidi e nella impossibilità di muoversi.

Il dottor Moscati lavora come aiuto straordinario agli Ospedali Riuniti a Napoli e poiché l'eruzione del Vesuvio non accenna a diminuire, intuisce il pericolo per l'ospedale di Torre del Greco. Rapidamente si premunisce del permesso necessario e invia mezzi di trasporto per gli ammalati. Lui stesso aiuta nell'operazione di sgombero delle corsie. Quando l'ultimo ammalato è stato messo in salvo, crolla il tetto dell'ospedale sotto il peso della cenere e dei lapilli. Senza l'opera tempestiva del dottor Moscati sarebbe stata una tragedia.

Da questo episodio che, date le circostanze può avere anche dell'eroico, emerge subito l'attenzione, la grande umanità del giovane medico. Era laureato da soli tre anni. Non solo, ma nei giorni successivi si preoccupa anche che arrivi un riconoscimento ufficiale alle persone che hanno collaborato con lui a mettere in salvo gli ammalati. E invia una lettera al direttore generale degli Ospedali Riuniti proponendo gratifiche per quanti si sono prodigati in quell'opera umanitaria. E per sé? Per sé niente. Anzi, supplica il direttore di ignorarlo «per non destare... cenere!», dice con la sua abituale ironia. Ciononostante, l'amministrazione degli Ospedali Riuniti volle ugualmente tributargli un pubblico encomio con la motivazione: «Per aver salvato la vita a 70 persone paralitiche dell'ospedale di Torre del Greco».

Altro episodio altrettanto ricco di umanità da parte di Moscati, si riscontra nel colera del 1911 che colpì la città di Napoli. Allora Moscati era Assistente ordinario negli Ospedali Riuniti e Socio aggregato alla Regia Accademia medico-chirurgica.

Per la sua discrezione e amore all'anonimato, non possediamo testimonianze storiche sui fatti, ma si è saputo che il dottor Moscati fu molto attivo nell'assistenza ai colpiti dal morbo; naturalmente con grave pericolo personale. Si sa anche che fu chiamato in aiuto dall'Ispettorato della Sanità pubblica, dal Ministero degli Interni e dall'Ufficio di Sanità della Prefettura per compiere ricerche sul morbo e studiare i mezzi per combatterlo.

Moscati vi si dedicò col solito impegno e suggerì una serie di interventi sulle opere pubbliche, necessari per il risanamento della città. Questi furono in gran parte eseguiti.

Già nel 1884 un'altra grave epidemia di colera aveva colpito la città di Napoli. Ne fa memoria il medico svedese Axel Munthe, che accorse dalla lontana Svezia come volontario, in un libro oltremodo interessante[10]; ma più ancora in un prezioso volumetto dell'epoca ristampato di recente[11]. Il testo raccoglie le informazioni che Munthe

---

[10] A. Munthe, *La storia di san Michele,* Garzanti, Milano 1997, pp. 141-159.
[11] A. Munthe, *La città dolente*, Mephite, Atripalda (AV) 2004.

mandava a un giornale svedese durante il suo volontariato a Napoli negli ultimi mesi del 1884 e l'inizio del 1885, periodo in cui infieriva maggiormente il morbo. Vi si riscontra la tragicità del contagio e la difficoltà di arginarlo in una città sovrappopolata e in lotta con la povertà dell'epoca, specialmente nei quartieri più indigenti. Una cronaca-documento anche per gli straordinari episodi di umanità e di solidarietà che si verificavano tra poveri. Soprattutto la dignità di una città colpita ma non piegata, e ancora capace di speranza.

La realtà del colera che nel 1911 infierì nuovamente sulla città di Napoli, non dovette essere molto diversa da quella subita dalla stessa città nel 1884-1885 e descritta da Axel Munthe.

Nel 1911 Moscati ha l'Insegnamento all'Ospedale degli Incurabili, che si protrarrà fino al 1923. Generazioni di studenti seguirono i suoi corsi.

Durante la guerra del 1915-1918 Moscati fu nominato Direttore del Reparto Militare. Sotto le sue cure, come si rileva dai registri nell'Ospedale degli Incurabili, passarono 2524 militari. E le autorità militari di Napoli, saputo della nomina del professor Moscati a responsabile militare, inviavano a questo Ospedale i casi più difficili.

Il suo nome, la sua presenza incutevano rispetto anche da parte di chi poteva avere punti di vista differenti. Si racconta che durante una ispezione all'Ospedale degli Incurabili, il Direttore generale mostrò il suo disappunto nel vedere che alcuni soldati avevano degli oggetti di devozione. Ma quando un infermo disse che lo stesso professor Moscati aveva donato alcuni di quegli oggetti, il direttore si calmò e tacque.

III
UNA SCELTA DI VITA

Matrimonio o celibato?

Come ogni giovinezza che si apre al futuro, anche per il giovane Moscati si pone la scelta esistenziale. Matrimonio o sacerdozio erano le due strade maggiormente percorse dai giovani. Ma egli non si sentiva attratto né dalla vita sacerdotale né dalla vita matrimoniale. Ognuno ha un suo intimo sentire di fronte alla vita che va assecondato e rispettato.

Pur avendo la possibilità di una scelta di vita di un certo lustro sociale, Moscati preferì una professione di servizio al prossimo e optò per quella di medico. Non solo, ma nell'esercizio della sua professione scelse un percorso di povertà volontaria a favore di chi era veramente povero. Inoltre, lo abitava un profondo bisogno di comunione col soprannaturale. Dio era il suo centro di attrazione.

E così il giovane medico scelse un percorso proprio, che sentiva personale e lo seguì fedelmente fino alla fine. Scelse il celibato nel laicato. Moscati, dunque, era celibe per scelta vocazionale. Alla deposizione per il Processo di beatificazione venne avanzato il dubbio che il giovane potesse avere un difetto fisico invalidante per il matrimonio, cosa che avrebbe influito sulla sua scelta. È opportuno, al riguardo, ricordare una pagina del vangelo di Matteo.

« Vi sono eunuchi che sono nati così dal seno della madre; ve ne sono alcuni che sono stati resi eunuchi dagli uomini e vi sono altri che si sono fatti eunuchi per il regno dei cieli. Chi può capire, capisca» (Mt 19,11).

Dunque, il celibato non è una realtà di facile comprensione, da sempre. Perciò non meraviglia che persino a un Processo di beatificazione si avanzano dubbi e ipotesi.

Tuttavia, il celibato di Moscati rientrava in quest'ultima motivazione del Maestro divino: «Per il regno dei cieli». Del resto, il suo stile di vita, le testimonianze di quanti lo hanno conosciuto da vicino lo affermano senza ombra di dubbio.

Quindi, nessun impedimento fisico ma libera scelta che venne confermata da vari testimoni nelle deposizioni canoniche dei Processi.

Moscati amava di particolare tenerezza l'immagine della Madonna del Buon Consiglio, che si trova nella chiesa delle suore Sacramentine. È un'immagine di Maria col bambino tra le braccia e dall'espressione dolcissima. Nel 1914 Moscati scrive: «Innanzi a questa immagine di Lei e in questa chiesa io feci abiura degl'impuri affetti terreni»[1]. Moscati ha 34 anni, è nel pieno della sua maturità.

In questo ricordo di Moscati i biografi hanno voluto ravvisare la sua consacrazione totale a Dio col voto di castità. Ed è più che probabile. Infatti, il dottore ricorda il fatto come qualcosa di dolcemente caro, che gli sta a cuore. «Innanzi a questa immagine di Lei e in questa chiesa...».

Il mistero di una chiamata

Il ricordo di Moscati richiama un episodio raccontato da Giovanni nel suo Vangelo che ha qualcosa di somigliante:

---

[1] E. Marini, *Il prof. Giuseppe Moscati della Regia Università di Napoli,* Ed. Giannini e Figli, Napoli 1930².

«Gesù allora si voltò e, vedendo che lo seguivano, disse: "Che cercate?". Gli risposero: "Rabbì (che significa maestro), dove abiti?". Disse loro: "Venite e vedrete". Andarono dunque e videro dove abitava e quel giorno si fermarono presso di lui; erano circa le quattro del pomeriggio» (Gv 1,38-39).

L'evangelista racconta così il suo primo incontro col Maestro. Da allora erano passati molti decenni quando scrive il suo Vangelo, ma egli ne ricorda persino l'ora: «Erano circa le quattro del pomeriggio...». Si ricorda con precisione, e talvolta in modo struggente, soltanto qualcosa che ci ha profondamente segnati.

Ma resta da spiegare perché Moscati parla di «affetti impuri».

Col tempo i linguaggi evolvono ed è difficile per noi comprendere la connotazione esatta di questa frase, forse dovuta anche alla spiritualità del tempo.

Forse Moscati intende una donazione, un amore che non ammette niente di non autentico e, quindi, una abiura da ciò che potrebbe inquinare i suoi affetti. Il suo è il desiderio di una purezza cristallina degli affetti che intende offrire al Signore.

Il pensiero dell'apostolo Paolo può far luce su questa realtà. Paolo, scrivendo ai cristiani di Corinto dice:

«Chi non è sposato si preoccupa delle cose del Signore, come possa piacere al Signore; chi è sposato invece si preoccupa delle cose del mondo, come possa piacere alla moglie, e si trova diviso! Così la donna non sposata, come la vergine, si preoccupa delle cose del Signore, per essere santa nel corpo e nello spirito; la donna sposata invece si preoccupa delle cose del mondo, come possa piacere al marito. Questo poi lo dico per il vostro bene, non per gettarvi un laccio, ma per indirizzarvi a ciò che è degno e vi tiene uniti al Signore senza distrazioni» (1Cor 7,32-35).

Paolo, dunque, non sminuisce la dignità e la santità del matrimonio, ma parla di una realtà di comunione con Dio libera da *condivisione* del cuore e degli affetti, «senza distrazioni». Quindi, niente di impuro; soltanto scelte diverse, alternative e per un motivo preciso.

Inoltre, Paolo si preoccupa di precisare che ognuno ha il suo dono da Dio, ognuno ha il suo sentiero da percorrere nella vita. Infatti, aggiunge:

«Vorrei che tutti fossero come me; ma ciascuno ha il proprio dono da Dio, chi in un modo, chi in un altro» (1Cor 7,7). È il mistero della *vocazione* di ognuno, della chiamata a un particolare stato di vita, il proprio.

Anche il professor Moscati era di questo parere e incoraggiava i suoi allievi a formarsi una famiglia. Vivere il celibato non è per tutti, ma è una particolare chiamata che la persona deve avvertire dentro di sé.

E tuttavia, sono strade di uguale dignità nel progetto di Dio. Del resto, anche il pensiero della Chiesa conferma che «il matrimonio e la verginità consacrata sono i due modi di esprimere e di vivere l'unico mistero dell'alleanza di Dio con il suo popolo»[2]. Un'alleanza d'amore, dunque, che diventa figura, simbolo di un'alleanza più vasta che riguarda l'intero popolo di Dio.

Una scelta di celibato, con le rinunce che comporta, non contiene in sé l'anestetico per la sensibilità umana. Infatti, traspare qua e là negli scritti di Moscati qualche accenno certamente sofferto.

Sicilia 1925. Osservando in uno dei suoi viaggi le bellezze dell'Isola, è preso da un momento di riflessione sul passato.

«Tutte le dolcezze della giovinezza avrebbero cercato di turbarmi con i loro ricordi se non avessi ormai corazzato il mio cuore e la mia anima di fronte alle seduzioni

---

[2] Giovanni Paolo II, Esortazione apostolica *Familiaris consortio* 16.

dei beni perduti, e adottato il proposito di non guardare indietro ma di anelare al futuro, alla perfezione futura!»[3].

Viene da pensare al detto di Gesù: «Chi mette mano all'aratro e si volta indietro non è degno di me» (Lc 9,62). Moscati ha posto mano all'aratro che scava il solco del suo cammino e tira dritto, non si volge indietro a rimpiangere nulla, bensì anela a quel premio futuro promesso che è Dio stesso... quando svelerà il grande mistero «dell'altra riva». Allora tutto avrà un senso, anche e soprattutto ciò che viene vissuto senza troppo comprendere perché appartiene all'insondabile, a ciò che trascende la nostra capacità razionale: l'orizzonte affascinante ma sconosciuto della fede.

«Valorizzate la vita!», scriveva a una giovane paziente. E la esortava a non sprecare il tempo nel ricordo di felicità perdute, in elucubrazioni inutili... ma di servire il Signore nella gioia. Anche perché, un giorno, ci sarà chiesto conto di tutto.

Esigente e comprensivo

Esigente con se stesso, Moscati era tuttavia comprensivo riguardo ai giudizi sugli altri. In fatto di comportamenti non corretti da parte di giovani, diceva: «Bisogna compatire i giovani per la loro esuberanza che non tutti sanno tenere a freno»[4].

Sono aspetti del suo carattere, della sua personalità che anche un suo amico e collega testimonia: «Il disinteresse assoluto che egli poneva in ogni questione, la obiettività e la giustezza dei suoi giudizi, lo spirito di tolleranza con cui egli, tanto severo con se stesso, giudicava le debolezze de-

---

[3] A. Tripodoro, *Giuseppe Moscati. Il medico dei poveri*, Paoline Editoriale Libri, Milano 2007.
[4] *Ibidem*.

gli altri, la sua tendenza naturale a tutto dare e nulla chiedere, rendevano la sua amicizia un bene prezioso»[5].

Moscati, parlando dei giovani e dei loro sogni, talvolta sottolinea la caducità delle cose. «Ce ne accorgiamo in età più inoltrata», scrive, «quando ci avviciniamo per le umane vicende, per caso, al fuoco che ci aveva infiammato, e non ci riscalda più». E qui riporta una esperienza personale.

Il tempo passa e alle soglie della maturità ricompare nella sua vita l'immagine di un sogno giovanile: una dolce, affascinante figura di donna. Quel giorno il professor Moscati, tra i numerosi pazienti, visita anche una giovane donna di cui parla nel suo diario:

«Ho dovuto osservare, toccare», scrive, «le forme *fidìache*[6] di una signora che negli anni giovanili aveva riempito tutti i miei sogni e il silenzio delle mie notti. Ed ella non lo sapeva. Chi avrebbe mai pensato che un giorno costei sarebbe ricorsa a me? Sempre impressionante quella bellezza; ed io ho compiuto il mio dovere umanitario tranquillamente, nobilmente, senza che vibrasse al cuore corda dentro di me! Ed ella, una volta e anche ora ammirata dovunque, anche fuori di Italia, (...) è ridotta in tribolazione, non chiede che pace alle sue sofferenze più morali che fisiche.

Mi ha domandato, perché io potessi paragonare il suo stato attuale con l'antica floridezza, se l'avessi vista prima. Ho risposto di no. E non era una bugia. Era un'altra quella dei miei anni giovanili, scomparsa senza rammarico e senza rimpianto, purificato il cuore»[7].

Non sappiamo perché questo sogno non si realizzò ma scomparve dall'orizzonte del giovane medico. Egli non ne parla. Presumibilmente fu una scelta, libera o indotta da circostanze. Né sappiamo chi sia questa ragazza che resta,

---

[5] G. Quagliariello, *Archivio di Scienze Biologiche*, vol. 9, Napoli 1927.
[6] Riferito all'arte di Fidia, celebre scultore greco del V sec. a.C.
[7] Archivio della Curia di Amalfi, AAS, cartella Moscati.

almeno ufficialmente, nell'anonimato. Ma l'ammirazione è tuttora presente in lui per la bellezza di quella donna che egli trova sempre straordinaria, addirittura «impressionante». E la paragona nientemeno che alle sculture di Fidia. Forme *fidìache*: dunque scultoree, di grande bellezza. Ma ne parla «purificato il cuore».

Egli può permettersi anche ora l'ammirazione per la ragazza di un tempo, perché ormai il suo cuore è libero, l'incantamento è stato superato, senza rimpianti.

«Il fuoco che ci aveva infiammato, non ci riscalda più». Ormai il suo cuore si è stabilito in un altro orizzonte, vive di «un altro Amore» che non esclude ma include, senza desiderio di possesso o di esclusività. È la scelta totalizzante, il celibato scelto e vissuto, lucidamente, per un più grande Amore. Anche se può aver avuto un costo molto alto. L'unica cosa che certamente gli dispiace è il sapere che quella persona si trovi ora nella «tribolazione». E non è secondario che lo annoti.

Moscati non ha rimpianti, dunque. E, caso mai si affacciassero al suo cuore egli sa dove attingere il coraggio per vivere quell'amore unico e difficile della persona consacrata. Infatti, è il profondo rapporto che lega il consacrato all'oggetto del suo amore, il Cristo, che gli permette di vivere nella fedeltà.

Ecco quanto annota la sera del 5 giugno del 1922. Forse in quel giorno aveva incontrato l'oggetto dei suoi sogni? Forse. Ma non lo sappiamo.

«Gesù, Amore!
Il vostro amore mi rende sublime;
il vostro amore mi santifica,
mi volge non verso una sola creatura,
ma a tutte le creature,
all'infinita bellezza di tutti gli esseri,
creati a vostra immagine e somiglianza!»[8].

---

[8] *Ibidem*. Questo biglietto fu raccolto nel cestino dello studio dalla sorella Anna.

In questa preghiera è evidente un certo richiamo all'esperienza sopra descritta. Soprattutto è evidente il suo bisogno di rifugiarsi nel Cristo, oggetto sommo del suo amore. È Lui che gli permette di rivolgere lo sguardo non verso «una sola creatura...» ma a tutte le creature; non verso una sola bellezza ma «all'infinita bellezza di tutti gli esseri».

Moscati aveva anche una grande devozione alla Madonna. E questo è un dato non trascurabile della sua vita interiore, da cui certamente traeva il coraggio, la forza per vivere la sua consacrazione, gli ideali in cui credeva e per cui si spendeva.

Solitamente le sue considerazioni hanno sempre un punto omega: Dio. È come se vedesse le cose attraverso il filtro della fede. Come se guardasse «oltre», ma senza perdere di vista il «qui» e «adesso».

Nelle sue memorie parla della transitorietà di ogni cosa della vita. E afferma che ciò che resta è solo l'amore... «perché l'amore è Dio!». Dio, l'assoluto del cuore, il Dio-Amore dell'evangelista Giovanni: «Chi non ama non ha conosciuto Dio, poiché Dio è amore. Nessuno ha mai visto Dio; se ci amiamo gli uni gli altri Dio rimane in noi e il suo amore è perfetto» (1Gv 4,8-12).

Dio e gli uomini, dunque, l'oggetto, l'obiettivo su cui riversa la dedizione della sua vita e della sua missione di medico. Medico dei corpi ma, spesso, anche delle anime. Sempre testimone di quel Dio in cui crede e dà ali alla sua vita.

Statura morale

La dirittura morale del professor Moscati era ineccepibile e lo testimoniano anche le deposizioni ai Processi di beatificazione e canonizzazione.

Riportiamo un episodio, peraltro molto conosciuto, che uno dei testimoni al Processo di beatificazione, il dottor Quagliariello, raccontò nella sua deposizione. Accadde a Budapest durante il viaggio per il Congresso Internazionale di Fisiologia del 1911 che si tenne a Vienna. Questo episodio offre una luce maggiore sulla vita integerrima del giovane medico. Moscati aveva allora 31 anni.

Nella visita alla città di Budapest, il professor Moscati e il professor Quagliariello incontrarono un comune amico medico, conosciuto all'Università di Napoli. Costui li accompagnò a visitare la città, ma, racconta il professor Quagliariello, «non saprei dire se volontariamente o involontariamente, c'introdusse in una casa di gran lusso, dove, non appena il servo di Dio si accorse di trovarsi in un ambiente equivoco, immediatamente volle andar via, e di questo episodio non si è più parlato»[9].

In una deposizione successiva, il dottor Quagliariello afferma ancora:

«Nel 1911, all'epoca del viaggio di Budapest, di cui già riferii nella mia deposizione, io stimavo il Moscati come un uomo virtuoso, di grande gentilezza e di profonda cultura; ma non conoscevo la grandezza e la religiosità della sua anima, che ebbi la fortuna di conoscere in seguito. E allora, ripensando all'episodio di Budapest, mi sono formato la ferma convinzione che, se egli avesse avuto la conoscenza del luogo dove la nostra guida ci conduceva, avrebbe, con garbo ma con fermezza, rifiutato di porci piede. Confermo poi che la permanenza in quella casa fu brevissima, appena il tempo necessario per comprendere dove ci si trovava. E appena il Moscati ebbe sentore dell'ambiente, si alzò e disse: "Andiamo via!", cosa che facemmo immediatamente»[10].

---

[9] *Summarium*, pp. 389-390.
[10] *Super introductione causae*, p. 25.

Il suo primo biografo, mons. Ercolano Marini, racconta un episodio somigliante, certamente di cattivo gusto, ma che rivela ancora una volta la personalità adamantina di Moscati.

Alcuni amici buontemponi e di pochi scrupoli, che non credevano alla sua castità, gli tesero un tranello e assoldarono una certa donna che si prestò all'inganno. Moscati riceve una lettera da costei che dice di essere povera e malata e gli chiede la carità di una visita.

Figurarsi! Moscati ci va subito, come previsto. Ma all'indirizzo non trova né povertà né malattia. Anzi, alla vista della «signora» si rende conto all'istante del tranello che gli è stato teso. E gira i tacchi alla svelta.

Conclusione: sconfitta della donna e dei sedicenti amici che avevano ordito il complotto. Certamente Moscati avrà provato amarezza e sconcerto per lo squallore dell'intrigo, ma anche per l'abuso della sua generosità umana e professionale.

A un amico che lo invitava a pensare di crearsi un affetto e decidersi per il matrimonio, Moscati rispose che aveva sofferto molto nella giovinezza a causa di questa mancanza. Ma ora che, più avanti negli anni e soffrendone meno, non credeva opportuno ritornare sulla decisione della sua giovinezza: il celibato.

In effetti, egli viveva una consacrazione *laica* del suo celibato, cioè al di fuori di una istituzione religiosa, ma altrettanto impegnativa e irrevocabile. Era questo il vero motivo della sua rinuncia al matrimonio, anche se talvolta adduceva motivi che, in realtà, servivano a nascondere la sua intima verità. Infatti, una volta rispose a un amico, uno dei tanti che si preoccupava del suo futuro affettivo, che non poteva pensare a sposarsi finché ci fosse in casa la sorella Anna. Ma la sorella, insegnante, aveva già orientata la sua vita in un apostolato laico, anch'essa al di fuori di una istituzione, e quindi sarebbe rimasta in casa.

La consacrazione *laica*, cioè, il vivere il Vangelo in modo totalizzante non all'interno di un chiostro o comunque di una istituzione, ma nel mezzo della vita di tutti, sembra che questi Moscati l'abbiano nel patrimonio genetico.

Del resto, è importante che ognuno scelga il cammino della vita che gli è più congeniale. La vocazione di ognuno va *calibrata* sulla persona e le sue attitudini, la sua sensibilità. Il Signore chiama a una sequela particolare ma, il *modo*, il *come* vivere questa sequela resta esclusiva scelta e responsabilità dell'interessato. Il quale dovrà guardarsi dentro, valutare le sue attitudini e decidere liberamente.

Forse è opportuno ricordare che la vocazione più importante è la propria, qualunque essa sia. Perché è progetto di Dio su di me, un progetto «personalizzato».

Forse queste scelte individuali di consacrazione restando in famiglia, che già si verificavano all'epoca, si possono considerare come precorritrici, o comunque profezia di quanto avverrà qualche decennio dopo nella Chiesa col sorgere di Istituti laicali di consacrazione nel mondo.

IV

«SACERDOZIO» DEL MEDICO

Laico e apostolo

Nel 1911 il professor Moscati era al Congresso internazionale di fisiologia, già citato, che si tenne a Vienna. Vi partecipò per incarico del Ministero insieme al professor Gaetano Quagliariello. Costui affermò che fu in questo viaggio che ebbe l'opportunità di conoscere meglio il Professor Moscati, la dolcezza del suo carattere e la sua profonda cultura.

In Moscati era grande l'amore per la medicina, l'interesse per conoscere sempre più a fondo i misteri delle varie patologie per poterle sconfiggere. Nei suoi viaggi trovava sempre il tempo di visitare ospedali e cliniche di quei luoghi. Certamente per aumentare il bagaglio delle sue conoscenze, per nuove esperienze che potessero giovare all'arte medica. In occasione dei due viaggi che fece, rispettivamente a Budapest nel 1911 e a Edimburgo nel 1923, ne approfittò per visitare, anche là, ospedali e cliniche di quelle città.

Da Edimburgo scrive ai suoi a Napoli che ha assistito anche a varie operazioni chirurgiche, facilitato anche dal fatto che il suo ospite era presidente di uno di quegli ospedali. E aggiunge che se gli ospedali di Napoli avessero una migliore organizzazione non avrebbero nulla da invidiare a quelli.

In una sosta a Londra nel 1923, mentre i suoi amici preferiscono altri itinerari, egli sceglie di visitare e studiare gli Ospedali inglesi, la loro organizzazione e l'Ordinamento degli studi.

Quest'uomo, assetato di sapere, non si lascia scappare occasione per allargare le sue conoscenze in materia di medicina e di ospedali e di strategie didattiche per la formazione dei giovani medici di cui si occupava.

Il suo è un aggiornamento continuo da osservatore che inculca anche ai suoi studenti. Tra i numerosi impegni della sua professione, egli continua a trovare il tempo di studiare, di fare ricerca, di approfondire i misteri ancora oscuri della medicina. Le riviste mediche italiane e straniere ospitano tutti i risultati delle sue ricerche. La cosa non passa inosservata e aumenta la sua credibilità professionale.

Un «sacerdozio» particolare

Moscati non aveva scelto nessuna istituzione religiosa per la sua vita: viveva la sua vocazione cristiana nel laicato. Ma un giorno aveva confidato a una suora: «Raccomandatemi al Signore poiché desidererei farmi religioso e starmene ritirato a servirlo». E aggiunse che gli avevano consigliato di rimanere nel mondo per fare del bene all'umanità.

Il professor Guido Piccinino, alunno e assistente del Moscati, depose al Processo: «Il servo di Dio scelse spontaneamente lo stato laicale. Difatti noi giovani alunni qualche volta, nella confidenza che ci accordava, abbiamo osato domandargli: "È vero che voi, maestro, pensate di lasciarci per consacrarvi al Signore in uno stato più perfetto?". Egli rispondeva: "Io ritengo di poter servire ugualmente bene il Signore esplicando la missione di medico"»[1]. Era questo l'orientamento della sua vita, e doveva essergli molto chiaro.

---

[1] Sacra Congregatio Pro Causis Sanctorum, *Animadversiones de virtutibus*, § 79.

Erano gli anni in cui nella mentalità comune si riteneva che il sacerdozio e la vita religiosa nei conventi fossero forme di vita superiori a quella dei laici, «uno stato più perfetto», come si esprime il Piccinino. Mentalità che, col Concilio Vaticano II ha lasciato il posto a un'altra visione, certamente più evangelica.

«Nella Chiesa tutti sono chiamati alla santità», afferma il Concilio. «Il Signore Gesù l'ha predicata a tutti e a ciascuno, a qualsiasi condizione appartenessero: "Siate perfetti come è perfetto il vostro Padre celeste". È dunque evidente che tutti i cristiani, di qualsiasi stato o ordine, sono chiamati alla pienezza della vita cristiana e alla perfezione della carità: santità che promuove un tenore di vita più umano anche nella stessa società terrena (...) così la santità del popolo di Dio crescerà in abbondanza di frutti, come mostra splendidamente la storia della Chiesa nella vita di tanti santi»[2].

Dunque, siamo tutti candidati alla santità. Naturalmente ci sono forme variegate di stati di vita, ma non ci sono gerarchie di santità legate all'uno o all'altro stato, se non l'intensità di amore e di fedeltà con cui la persona vive la propria vocazione.

Non conosciamo il pensiero di Moscati al riguardo, ma senz'altro non gli interessava la questione perché il suo obiettivo era solo quello di servire il Signore. E gli era chiaro che poteva farlo benissimo esercitando la professione di medico, rendendosi utile nelle tante necessità che vedeva intorno a sé. Infatti, lo si vedrà poi dalla sua vita intensamente vissuta in un servizio continuo, assiduo, senza concedersi soste. Non solo, ma la sua professione esercitata in questo modo non gli impediva di vivere nello stesso tempo una intensa vita spirituale, come testimoniano in molti.

---

[2] Costituzione dogmatica sulla Chiesa *Lumen gentium*, V, 39, 40.

Di particolare interesse una lettera di Moscati a un amico il quale gli chiedeva consiglio sulla vita di consacrazione nel mondo da vivere con la moglie.

«È una particolare grazia», scrive Moscati, «che Iddio v'ha donato, quella di ispirarvi il desiderio di sempre maggiore perfezione spirituale. È anche vero che in ogni stato, in ogni condizione sociale si può far del bene. Mons. Todeschini, Nunzio apostolico a Madrid, mi parlava, la scorsa estate, di veri e propri ordini laici sorti in Spagna, per lavorare per la santa Chiesa: insegnanti, tutti laici, scaglionati nelle varie scuole con il mandato di diffondere l'insegnamento religioso, e così via.

Il medico si trova poi in una posizione di privilegio, perché si trova tanto spesso al cospetto di persone che, malgrado i loro passati errori, stanno lì lì per capitolare e far ritorno ai principi ereditati dagli avi; stanno lì ansiose di trovare un conforto, assillate dal dolore. Beato quel medico che sa comprendere il mistero di questi cuori».

E dopo aver parlato di altri fermenti religiosi nel laicato, anche in Italia, non manca di esortare alla preghiera per avere luce.

«È bene che voi e la vostra signora domandiate lumi e ispirazioni allo Spirito Santo, alla Vergine SS.ma con la preghiera. Certamente Iddio vi farà conoscere la sua santa volontà»[3].

È indubbio, in Moscati, uno spirito apostolico, «sacerdotale», un interesse per le realtà dello spirito che fanno «corpo» con tutte le altre realtà, includendo tutto in un unico sguardo unificante che conduce sempre a un punto omega: Dio, il trascendente le realtà umane e di queste speranza.

Il professor Pietro Castellino, parlando della professione medica di Moscati e del modo come l'aveva esercitata, la chiamò «missione di alto sacerdozio».

---

[3] E. Marini, *Il prof. Giuseppe Moscati della Regia Università di Napoli*, Ed. Giannini e Figli, Napoli 1930².

Questo termine «sacerdozio» è stato impiegato più volte, anche dai colleghi per definire il modo in cui Moscati esercitava la sua professione di medico. Ed è indicativo della considerazione in cui veniva tenuto non solo per la sua alta, coscienziosa professionalità ma per quel *quid* che ne faceva un «sacerdote», un unto, un rappresentante, un... consacrato della categoria.

Mons. Carmine Cesarano, Arcivescovo di Campagna, anche lui definisce Moscati «un'anima eucaristica e di fede profonda, viveva per l'umanità sofferente e della sua professione faceva un sacerdozio e un ministero».

I laici nella Chiesa

Nella lettera appena riportata in cui Moscati discute con il collega sulla possibilità di una consacrazione nel mondo, si intravede anche il cammino di Chiesa circa la consacrazione nel laicato. In quell'epoca non esistono ancora gli Istituti di vita consacrata nel mondo laico. Infatti, sarà solo nel 1947 che il Magistero della Chiesa riconoscerà questa nuova forma di consacrazione con la Costituzione apostolica di Pio XII, *Provvida Mater Ecclesia*, dove, tra gli Istituti di vita consacrata, annovera anche le forme di consacrazione laica nel mondo che, d'ora in poi, si chiameranno «Istituti Secolari». E, un anno dopo, nel 1948 col Motu proprio *Primo feliciter*, Pio XII precisava:

«Avendo davanti agli occhi la moltitudine di tante anime nascoste "con Cristo in Dio", le quali nel mondo aspirano alla santità e "con grande cuore ed animo volenteroso", consacrano lietamente tutta la vita a Dio, non possiamo fare a meno di rendere grazie alla Divina Bontà, per questa nuova schiera che ha accresciuto nel mondo l'esercito di coloro che professano i consigli evangelici».

Dunque, il laicato che sembrava una vita cristiana di serie B nella stima comune del passato, ora, nel pensiero della Chiesa, codificato da documenti ufficiali, riceve un nuovo riconoscimento nella cristianità.

Ma bisognerà aspettare il 1965, anno in cui il Concilio Vaticano II[4] col Decreto *Apostolicam actuositatem*, offrirà un'ampia, dettagliata panoramica dello *status* della consacrazione laicale nel mondo. Infatti, col Vaticano II si apre una nuova stagione per il laicato cattolico, anche se alcune istanze verranno disattese.

«…I laici, resi partecipi della funzione sacerdotale, profetica e regale di Cristo, nella missione di tutto il popolo di Dio assolvono compiti propri nella Chiesa e nel mondo. In realtà esercitano l'apostolato con la loro azione per l'evangelizzazione e la santificazione degli uomini, e animando e perfezionando con lo spirito evangelico l'ordine delle realtà temporali, in modo che la loro attività in questo ordine costituisca una chiara testimonianza a Cristo e serva alla salvezza degli uomini. Siccome è proprio dello stato dei laici che vivano nel mondo e in mezzo agli affari secolari, essi sono chiamati da Dio affinché, ripieni di spirito cristiano, a modo di fermento esercitino nel mondo il loro apostolato»[5].

I laici, dunque, sono «chiamati da Dio» a esercitare nel mondo il loro apostolato. Il documento conciliare ha aperto ai laici possibilità nuove di presenza e di azione apostolica nella Chiesa. Soprattutto ha evidenziato il loro particolare carisma, la loro vocazione specifica nel popolo di Dio.

E la *Lettera ai fedeli laici*[6] del 2005, sottolinea la loro particolare consacrazione e appartenenza a Cristo:

---

[4] Concilio Vaticano II: 1962-1965.
[5] Decreto sull'apostolato dei laici, *Apostolicam actuositatem* 1.
[6] CEI, «*Fare di Cristo il cuore del mondo*». *Lettera ai fedeli laici*, 2005.

«La sequela di Cristo e la vita nel mondo, per il laico cristiano, non sono due strade separate – l'una sacra, l'altra profana – da percorrere in parallelo. Sono invece l'espressione di una medesima chiamata alla santità, in cui ogni momento, collegato agli altri, consente la circolazione benefica di un unico influsso di amore, di grazia e di missione».

Moscati non vide il fiorire di questa nuova stagione del laicato nella Chiesa. Ma lui si era già stabilito in un orizzonte che lo legava fortemente a Dio, alla Chiesa, ai fratelli, specialmente a quelli più bisognosi. Il suo raggio di azione, come le sue risorse economiche, avevano direzioni ramificate in quel groviglio di bisogni umani mai esauriti del suo tempo.

La missione del medico

A un suo studente che si laureava in medicina, Moscati scrive una lettera di auguri che è anche un programma per il giovane medico. Era il quattro settembre del 1921. Tra l'altro, dice: «Ricordatevi che seguendo la medicina, vi siete assunta la responsabilità di una sublime missione. Perseverate con Dio nel cuore, con gli insegnamenti di vostro padre e di vostra mamma sempre nella memoria con amore e pietà per i derelitti, con fede e con entusiasmo, sordo alle lodi e alle critiche, tetragono all'invidia, disposto solo al bene»[7].

Uno dei giovani medici che aveva frequentato i suoi corsi aspirava alla carriera scientifica ma era costretto a fare il medico condotto. Soluzione che il giovane accettava con difficoltà. Allora Moscati gli scrive con delicatezza paterna:

«Mio caro,
non siate triste! Ricordatevi che vivere è missione, è dovere, è dolore! Ognuno di noi deve avere il suo posto di

---

[7] A. Marini, *Il prof. Giuseppe Moscati.*

combattimento. Se Iddio vuole che esercitiate la vostra nobile missione fra la gente di campagna, significa che vuol servirsi di voi per seminare il bene in quei cuori. Ricordatevi che non solo del corpo vi dovete occupare, ma delle anime afflitte che ricorrono a voi. Quanti dolori voi lenirete più facilmente con il consiglio e scendendo nello spirito, anziché con le fredde prescrizioni da inviare al farmacista! Siate nel gaudio perché molta sarà la vostra mercede; ma dovrete dare esempio a chi vi circonda della vostra elevazione a Dio.

Profittate del tempo di Pasqua per avvicinarvi, nella comunione, a Dio, e prendere da Lui ispirazioni per la carriera futura. Vi bacio e abbraccio. Giuseppe Moscati»[8].

È sorprendente come questa lettera, riportata di proposito per intero, riveli la singolare personalità di Moscati. La capacità, cioè, di porsi accanto a chi si trova in difficoltà e la comprensione profonda di ciò che lo angustia. E proporre la bellezza di un ideale che, al momento, può sembrare offuscato all'interessato. Non manca, come sempre, l'invito ad accostarsi al Signore nel sacramento della eucaristia... da cui prendere «ispirazioni per la carriera futura». In quest'ultima esortazione vi si può leggere con sicurezza la sua quotidiana esperienza.

È una lettera che sembrerebbe scritta non da un laico ma da un direttore di spirito, un formatore di coscienze. Lo stile, moderno, richiama però nello spirito le antiche esortazioni dei Padri del deserto, di quei «cercatori di Dio» dei primi secoli della cristianità.

Il concetto di *missione* nella professione del medico è fortemente sentito in Moscati. Forse perché la sua vita l'aveva orientata verso un ideale di donazione completa a Dio e ai fratelli. Ma egli insiste sullo stesso concetto anche

---

[8] A. Marranzini, *Giuseppe Moscati. Modello del laico cristiano di oggi*, ADP, Roma 2003.

per gli altri medici che avevano optato per una famiglia e per le gioie comuni della vita.

L'ideale della solidarietà umana era in cima ai suoi pensieri e ne era talmente convinto che non lasciava passare occasione per parlarne. Dopotutto, egli testimoniava con l'esempio ciò che affermava e proponeva.

Era noto il suo distacco dall'aspetto economico della professione. A volte si sentiva addirittura a disagio di prendere o meno l'onorario dovuto. Spesso lo rifiutava, e non solo in casi di povertà, come testimonia questo episodio.

Uno dei suoi discepoli, il dottor Giuseppe Tesauro[9], racconta che una volta lo pregò di andare a visitare un giovane magistrato ammalato. Moscati vi andò ma rifiutò la busta con l'onorario che la madre del magistrato gli aveva preparata. Nel ritorno, il discepolo gli fece notare come il suo rifiuto mettesse in difficoltà quelle persone nel richiedere di nuovo il suo aiuto. Moscati gli rispose: «Ma come, qui una mamma ha un figlio malato e volete prendervi dei soldi, pensate ai soldi?».

Risposta certamente sconcertante per la logica ma che rivela la sua sensibilità, il suo particolare atteggiamento di fronte alla realtà.

Moscati veniva chiamato spesso da vari medici per consulto presso i loro ammalati. Il dottor Angelo Abate afferma che Moscati era modestissimo e senza alcuna pretesa. Infatti, tutte le volte che gli domandava quale fosse il suo compenso, rispondeva: «Fate voi; sapete che al compenso non ci tengo; regolatevi secondo le condizioni finanziarie della famiglia. Una volta, non lo dimentico mai», continua il medico, «aggiunse: "Se dovesse capitarvi qualche caso importante[10], anche trattandosi di un povero che

---

[9] A. Marini, *Il prof. Giuseppe Moscati.*
[10] Nel linguaggio medico un caso «importante» significa un caso difficile, complicato, a volte grave.

non può pagare, approfittate di me, senza fare complimenti; mi farete un vero regalo, verrò disinteressatamente". E spesso, avanzandogli del tempo per il treno, volle rivedere ammalati da lui visitati altra volta»[11].

«Primus inter pares»

Moscati era di una grande umiltà. A chi lo osservava nel folto gruppo di studenti e assistenti che lo attorniava e lo chiamava *capo*, egli rispondeva che non c'era nessun capo, tutt'al più un *primus inter pares*.

Quando era direttore della III Sala uomini, un giorno un infermiere decise di medicare un infermo più tardi del dovuto, e poiché i parenti protestarono, venne avvisato Moscati. Questi non disse una parola, non rimproverò l'infermiere, andò al letto dell'infermo e gli cambiò le fasciature medicandolo. Invano gli assistenti, confusi, vollero sostituirlo. Egli completò le medicazioni e continuò sereno il suo giro tra le corsie. Moscati era così: insegnava con l'esempio, umile e discreto, sempre.

Ed era capace di perdono. Evidentemente qualche amarezza la incontrava nel suo lavoro e nelle sue relazioni, come tutti. Ma è il modo in cui le viveva che è interessante.

A un collega che gli aveva mosso delle accuse insolenti, Moscati risponde con comprensione quasi paterna spiegandogli che certamente è male informato. Tuttavia, lo rassicura che non si offende per quello che gli ha scritto e conserva per lui l'affetto che la sua lettera non può cancellare.

Un comportamento simile è un esempio mirabile di pazienza e di carità certamente fuori del comune. Non gli dice: "Ma come si permette? Lei è male informato!", bensì cerca di spiegare e di rassicurare...

[11] A. Marini, *Il prof. Giuseppe Moscati*.

In un altro episodio increscioso, scrive a un amico: «Non è mio costume perdere tempo in pettegolezzi e in maldicenze inutili, quando questo tempo dev'essere impiegato nello studio. Chi mi conosce sa bene che proibisco lo sperpero di energie e che mi piace non giudicare, specialmente i colleghi.

«Ignoro tutto quello che mi avete detto e preferisco ignorare. Appartengo, dopo tante traversie, alla categoria di quelli che amano non sapere per non farsi il sangue acido. (…) E vi prego di non dirmi niente quando ci vedremo, non voglio identificare nessuno perché nessun rancore possa germogliare nel mio cuore»[12].

Moscati è una creatura umana e come tutti conosce le reazioni dell'animo di fronte a certe situazioni. Perciò prende le misure necessarie: non vuol sapere nulla di quanto avranno detto a suo danno. E il motivo è altamente nobile: «perché nessun rancore possa germogliare nel mio cuore»… C'è la dignità dell'uomo e c'è la carità cristiana che «è magnanima, non tiene conto del male ricevuto, tutto scusa, tutto sopporta» (1Cor 13,4-7).

Moscati aveva grande stima dei sacerdoti in cui vedeva il Cristo operante tra la gente. Prestava volentieri la sua opera verso quelli ammalati, gratuitamente. Spesso, rifiutando l'onorario, chiedeva il favore di celebrare una messa secondo le sue intenzioni.

Una volta si presenta al suo studio un distinto signore della aristocrazia di Napoli e lo prega di recarsi a visitare sua madre molto malata. Moscati non ha tempo e si rifiuta di andarci. E poiché l'altro insiste, gli spiega che, essendo ricco, può chiamare qualsiasi medico. Ma egli deve andare a visitare un povero prete ammalato fuori Napoli. È questo il motivo per cui non può andare da sua madre.

[12] *Ibidem*.

L'uomo, edificato dalla risposta di Moscati, gli propone di accompagnarlo dal sacerdote con la sua macchina e, dopo, a visitare sua madre. Solo allora il dottore accetta.

Il «povero prete malato» ha la precedenza, anche se chi chiede è un aristocratico. E bisogna pensare al concetto in cui all'epoca era tenuta l'aristocrazia. Ma per Moscati sono tutti fratelli e sorelle, figli dell'unico Padre che sta nei cieli, e se c'è una preferenza da accordare, è senz'altro per chi è più povero e bisognoso.

Moscati, generalmente, non accettava nessun compenso da persone consacrate: sacerdoti, suore, frati, eccetera. Emblematico, al riguardo, questo biglietto che manda al professor Vincenzo Aloi, allora chirurgo all'Ospedale degli Incurabili, per raccomandargli una suora che aveva bisogno di un intervento chirurgico. Tra l'altro, vi si coglie anche un garbato umorismo.

«Mio caro Vincenzino,
vi prego di andare a visitare una suora nel Convento 33[13] di strettissima osservanza, sito in via Pisanelli, 8. Infiniti compensi spirituali si riverberanno su di voi! Vi saluto affettuosamente. Giuseppe Moscati»[14].

Indubbiamente, quegli «infiniti compensi spirituali» che sarebbero venuti dall'Alto, si riferivano alla abituale gratuità per le suore, senz'altro condivisa dal collega.

---

[13] Era un monastero il cui statuto non prevedeva più di 33 membri. Di qui la designazione popolare di «Convento 33».

[14] A. Marranzini, *Un esponente della scuola medica napoletana*, ADP, Roma 2005.

V

UN MEDICO MOLTO «UMANO»

Una opinione comune

Gli aneddoti che si raccontano intorno al professor Moscati sembrano non esaurirsi mai. In questi aneddoti emerge sempre la squisita umanità del dottore anche se, a volte, poteva sembrare burbero. Uno dei suoi colleghi, il dottor Enrico Sica, racconta che fu ricoverato nel reparto di Moscati un giovane gravemente ammalato. Gli fu diagnosticato un tumore maligno alla pleura. Non c'era più nulla da fare da parte della medicina e gli restavano soltanto pochi mesi di vita. Così la famiglia se lo riportava a casa. Mentre i medici si allontanavano dal suo letto, il giovane chiamò Moscati e, piangendo, lo ringraziava e gli baciava le mani. Moscati si commosse e avvicinandosi di più lo esortò a confidare in Dio. Poi si chinò a baciarlo e si allontanò frenando a stento le lacrime.

Questo episodio spiega, se ce ne fosse bisogno, la grande sensibilità del dottore, la sua profonda partecipazione al dolore umano. E quel modo di rendersi presente, accanto al dolore dell'altro... non potendo fare di più. Lui sa che la scienza, la medicina ha i suoi limiti e le sue sconfitte, ma esorta il giovane a confidare in Dio, l'unico punto fermo dell'esistenza umana. Quando tutto è perduto rimane sempre Lui, l'unica speranza e il conforto di non sentirsi soli ma avvolti dalla sua Provvidenza amorosa ancorché misteriosa, incomprensibile.

«Noi medici che cosa possiamo fare? Ben poco!», scriveva a un collega sul caso di un ammalato grave. E aggiungeva che in questi casi, almeno si può soccorrere l'anima, consolare il cuore.

Nella sua duplice missione di medico e di apostolo, Moscati era sempre sollecito in ambedue i campi: quello dei corpi e quello delle anime.

Tra i suoi impegni professionali, come medico condotto, curava anche le visite a domicilio. A volte si inoltrava a notte fonda in alcuni vicoli stretti e bui dove sembrava che non abitasse nessuno. Ma egli ne conosceva gli abitanti. Anzi, a volte sapeva scovare dove si trovava il bisogno.

Il dottor Javarone[1] raccontò che un giorno accompagnò Moscati a visitare un capitano di marina, malato di cancro allo stomaco. Moscati sapeva che il capitano era un noto massone e, considerando la gravità del male, gli domandò: «Avete mai conosciuto, per caso, un prete o un monaco nella vostra vita?». Il capitano gli rispose che conosceva un sacerdote della chiesa di Santa Chiara. Tutto finì qui, ma non del tutto. Il giorno dopo, il dottor Javarone si recò di nuovo a visitare il capitano e seppe che quel sacerdote di Santa Chiara, invitato da Moscati, si era recato a trovare l'infermo e gli aveva dato i conforti religiosi. Qualche mese dopo il capitano morì.

Moscati aveva un «occhio clinico» non solo per le patologie del corpo ma anche e, forse soprattutto, per i bisogni dell'animo umano. Ed era vigile nel consigliare «la prima medicina», come si espresse rivolto a un altro infermo, cioè la comunione eucaristica, il contatto col Signore, medicina suprema dello spirito ma anche del corpo.

È indubbio che un tale stile di vita e di relazioni professionali gli venisse da una grande fede e da un rapporto

---

[1] Cfr. A. Marranzini, *Giuseppe Moscati. Modello del laico cristiano di oggi*, ADP, Roma 2003.

profondo col Signore. Infatti, ne cercava il contatto ogni mattina con la messa e la comunione prima di andare in ospedale. Erano quelli i momenti in cui costruiva e alimentava il suo mondo interiore che gli permetteva di agire come sappiamo, con quella delicatezza, benevolenza, dedizione e solidarietà che tutti gli riconoscevano.

Il professor Bottazzi, che ebbe il Moscati assistente nell'insegnamento della Chimica fisiologica, così lo ricorda dopo la sua morte: «Egli fu la più perfetta incarnazione, che io abbia conosciuto, dello spirito di carità definito da san Paolo (1Cor 13,4-7)[2]: fu paziente e benigno, non invidioso, non si vantava dei propri grandissimi meriti, né del suo vasto sapere, non spiacente, non chiedente il suo, anzi, del suo era larghissimo agli indigenti, non irritabile, non contento dell'ingiustizia, sempre in ricerca della verità, tollerante tutto, tutto credente e sperante.

Profondamente religioso, non fece mai ostentazione dei propri sentimenti ma con la sua amorosa opera sanitaria, non tralasciò mai di curare, insieme ai corpi, anche e soprattutto le anime, e di avviarle verso la Luce della grazia divina»[3].

A volte, di domenica, Moscati invitava i suoi giovani allievi medici ad accompagnarlo e, da profondo conoscitore di storia dell'arte, spiegava il fascino di quelle tele o sculture, vere opere d'arte di cui abbondano le chiese di Napoli; e intanto si fermavano per partecipare anche alla santa Messa festiva.

Indubbiamente l'obiettivo del professore era duplice: il godimento estetico fruito insieme ai suoi giovani studen-

---

[2] Nella messa per la festa di san Giuseppe Moscati, il 16 novembre, una delle letture è tratta proprio dal capitolo 13 della Prima Lettera di san Paolo ai Corinti: il celebre *Inno alla carità*.
[3] E. Marini, *Il prof. Giuseppe Moscati*.

ti e il precetto festivo della santa Messa che, da discreto educatore, indirettamente proponeva a quei giovani.

Per i suoi pazienti, in diversi casi suggeriva al malato di avvicinarsi ai sacramenti della confessione e dell'eucaristia. E talvolta spediva l'infermo, già guarito, ad accostarsi ai sacramenti per ringraziare Iddio della guarigione.

Si può affermare senza dubbio alcuno che Moscati, oltre a essere un bravo esperto di medicina e di patologie varie, era anche un buon pedagogo, un buon educatore ai valori umani e religiosi.

Si racconta che un giovane operaio era stato dichiarato malato di tisi da alcuni medici. A una visita del Moscati questi dichiarò che non si trattava di tisi bensì di un ascesso al polmone da cui sarebbe guarito. E, con la medicina, raccomanda al giovane di essere devoto della Madonna e di frequentare i sacramenti.

Infatti, l'operaio guarì e quando volle dargli l'onorario, Moscati lo rifiutò dicendogli che se lo voleva pagare doveva avvicinarsi a Dio perché la guarigione la doveva a lui.

Con la nostra mentalità razionale ed efficientista a oltranza, forse pensiamo: "Ma che strano medico!, che prescrive, insieme alla ricetta per il farmacista, altre medicine... di ordine spirituale, neanche fosse un monaco eremita". Ma questo «strano medico» viveva di una fede profonda. Possedeva una grande competenza professionale, riconosciutagli anche dai colleghi, ma tutto in lui era subordinato a una visione della vita riconducibile alla provvidenza di Dio nella storia degli uomini.

Preveggenza?

Pare che Moscati, spesso, prevedesse con sicurezza cose avvenire, come nel caso della sua morte. Ma ciò si verificava maggiormente nelle sue diagnosi. Talvolta diagnosticava a priori il tipo di male del paziente, prima ancora di visitarlo. E, più ancora, prevedeva il decorso della malattia, magari la guarigione senza avere ancora conoscenza di elementi diagnostici. Naturalmente, questo stupiva un po' tutti.

Senza pensare a nulla di miracolistico, si può considerare che Moscati viveva certamente una dimensione interiore di fede che potremmo dire *no-stop*. Quando lo sguardo interiore del nostro essere abita i sentieri dello spirito, affacciato sul trascendente, lo sguardo si affina. Moscati dovette vivere queste dimensioni interiori che gli facilitavano l'intuizione e il *vedere oltre*. Naturalmente, bisogna aggiungere anche la sua grande perizia professionale, peraltro indiscussa.

Aveva l'abitudine di invocare spesso lo Spirito di Dio, specialmente durante il lavoro. Questa attenzione del suo animo allo Spirito Santo è indicativa dello spirito con cui Moscati agiva in ogni circostanza. E dovette sperimentarlo specialmente nei casi clinici più difficili, dove certamente lo Spirito di Dio gli veniva in aiuto per un «supplemento» di intuizione professionale che diventava sicurezza di aver visto giusto.

Tra le deposizioni ai vari Processi, necessari per l'iter verso la canonizzazione, vi sono narrati numerosi fatti. In uno di questi, era il 1922, una suora racconta che chiese al dottor Moscati un rimedio per un lieve disturbo. Egli si ferma come soprapensiero, poi risponde che andrà al convento. La suora lo dissuade: non c'è bisogno. Egli insiste e fissa l'appuntamento per la domenica successiva. Ma, una volta al convento, volle visitare anche un'altra suora a cui due anni prima aveva preannunciato la possibilità che le si formasse un tumore. Infatti, ora le riscontra un tumore addominale e consiglia subito l'operazione.

L'intervento chirurgico lo eseguì il professor Leopoldo Risso. Moscati volle assistervi, nonostante i suoi molti impegni già programmati. Ma durante l'intervento la situazione si presentò subito molto difficile, al punto che il chirurgo non voleva andare avanti. Allora interviene Moscati: «In nome di Dio, proseguite! È un'anima consacrata a Lui, certamente l'assisterà»[4].

L'intervento riuscì perfettamente e la suora guarì. Moscati, qualche tempo dopo, incontrandola, la esortò a trarre profitto dalla vita che il Signore le aveva ridonato.

Preveggenza, intuizione particolare, memoria speciale nel ricordare i problemi dei suoi pazienti... Forse tutte queste cose insieme, ma soprattutto quell'imperativo dimostra una fiducia incrollabile nell'intervento divino: «In nome di Dio... proseguite!». Questo dimostra ancora una volta che alla base del suo lavoro e dei suoi successi c'era la sua grande fiducia nella *presenza* di un Altro medico, e la sua consuetudine di rivolgersi a Lui.

Un episodio, fra i tanti che riguardano la sensibilità umana e religiosa di Moscati, offre una luce ulteriore sulla sua fede e sul suo *sacerdozio* laico.

Il senatore Leonardo Bianchi, vice presidente della Camera dei Deputati, medico e studioso, allora cattedratico nell'Accademia chirurgica di Napoli, rifiutava il concetto stesso di Dio nella sua vita di scienziato e di uomo di cultura. Quel giorno tenne una conferenza alla presenza di professori, studenti e membri della Facoltà di medicina. Fra questi si trovava Moscati. Terminata la conferenza, il professor Bianchi, improvvisamente si accasciò sulla cattedra.

Tutti i presenti gli si affollarono intorno ansiosi. Lo sguardo del morente cercò tra i presenti qualcuno: il professor Moscati. Moscati era là e conosceva l'ateismo dello studioso. Ma lo sguardo di Bianchi rivolto verso Moscati aveva un preciso significato che il giovane comprese al-

---

[4] *Ibidem*.

l'istante. «Chiamate un sacerdote!», disse. Poi si chinò su Bianchi prodigandogli le prime cure ma capì subito che non c'era più nulla da fare per la medicina. Allora, stringendogli le mani mormorava preghiere di contrizione e di fiducia che Leonardo Bianchi ripeteva come poteva, con appena un filo di voce, finché si spense. In seguito, Moscati scrisse alla nipote dell'onorevole Bianchi, suor Paolina:

«Si è avverato di vostro zio ciò che dice la parabola del Vangelo, che i chiamati dell'undicesima ora avranno la stessa ricompensa di quelli chiamati alla prima ora del giorno. Sento ancora l'impressione di quello sguardo che cercava me tra i tanti convenuti... E Leonardo Bianchi sapeva bene dei miei sentimenti religiosi, conoscendomi fin da quando ero studente. Gli corsi vicino, gli suggerii parole di pentimento e di fiducia mentre egli mi stringeva la mano, non potendo parlare... In formula breve gli fu anche amministrata l'Estrema Unzione... Non volevo andare a quella conferenza, essendomi da tempo allontanato dall'ambiente dell'università; ma quel giorno una forza sovrumana, alla quale non seppi resistere, mi ci spinse»[5].

E il cardinale Ascalesi affermò alla stessa: «Vostro zio si è salvato perché c'era quel missionario che è Giuseppe Moscati».

Suonerebbe strana o perlomeno insolita questa affermazione del cardinale di Napoli, Ascalesi, che considera Moscati un *missionario*. Evidentemente la stima comune di quanti lo conoscevano era di questa portata.

Fede profonda e carità operativa

L'impressione che tanti hanno del professor Moscati non lascia dubbi sulla sua fede profonda, sulla responsabilità di cui si sente investito davanti a chi si trova nel bi-

[5] *Ibidem.*

sogno. Nel caso dell'onorevole Bianchi si trattava di un bisogno spirituale e *in extremis*; altre volte saranno bisogni materiali, tanti, nella miseria di certe situazioni che attraverseranno di continuo le sue giornate di medico.

Rivediamo uno dei tanti episodi che rivelano l'attenzione solerte di questo medico che non dimentica mai di essere un cristiano, un apostolo dovunque si trovi. Il fatto è riportato da vari biografi.

Una sera Moscati fu chiamato a Caserta, nei pressi di Napoli, presso un operaio gravemente ammalato. Vi andò e si rese subito conto della grande povertà di quella casa. Mentre scriveva la ricetta si accorse che in un angolo della stanza alcuni compagni di lavoro dell'infermo confabulavano tra loro. Moscati si avvicina e ne chiede il motivo. Quelli, superato l'imbarazzo, spiegano che stavano facendo una colletta per pagare la visita al dottore.

Da ricordare che a quel tempo non c'erano le ASL e il medico bisognava pagarselo e così le medicine. Mettendo in conto la povertà diffusa del proletariato dell'epoca, che spesso era vera miseria, si può comprendere quali situazioni di bisogno esistessero tra la gente che viveva di un lavoro spesso saltuario e malpagato. Specialmente dove lavorava solo il capo-famiglia con numerosi figli. Quando questi si ammalava o restava senza lavoro, era la fame per tutta la famiglia senza altri aiuti.

Moscati ammirò la solidarietà di quegli operai e volle contribuire anche lui perché l'ammalato potesse comprarsi le medicine. E mise una somma nella colletta da consegnare all'infermo, salutò e uscì.

Non era raro il caso in cui, vista la povertà dell'ammalato, non solo non accettava il compenso per la visita ma nella ricetta, piegata, metteva la somma per le medicine.

Per il professor Moscati era la persona nella sua totalità a essere presente alla sua attenzione di medico e di cristiano. Questa attenzione è ricordata dai suoi amici ma la si può osservare anche nella sua corrispondenza che fu veramente copiosa per un uomo così impegnato su vari fronti.

Si era nell'epoca della comunicazione scritta, ed è stata una fortuna per noi. Se Moscati fosse vissuto oggi, nell'era della comunicazione elettronica, tra *e-mail* e cellulari, molte testimonianze del suo pensiero e della sua vita sarebbero andate irrimediabilmente perdute. Ogni epoca ha i suoi vantaggi...

«Mio caro amico», scrive a un suo paziente e amico piuttosto grave nel 1923. «Augurandovi di ritemprare ben presto la vostra salute, mi permetto da lontano ricordarvi che tutto è passeggero quaggiù. Non c'è che una gloria, una speranza, una grandezza: quella che Dio promette ai suoi servi fedeli! Vi prego di ricordarvi dei giorni vostri d'infanzia, e dei sentimenti che vi tramandarono i vostri cari, la vostra mamma; tornate all'osservanza religiosa e vi giuro che, oltre il vostro spirito ne sarà nutrita la vostra carne; guarirete con l'anima e con il corpo, perché avrete preso la prima medicina, l'infinito Amore!»[6].

Questo non è il linguaggio di un medico. È il linguaggio di un mistico. Di un uomo che crede profondamente in una realtà che trascende tutte le altre realtà... e abita in essa; e conosce un orizzonte che va al di là di questo orizzonte che sperimentiamo con i nostri occhi: l'orizzonte di Dio, «l'infinito Amore», lo chiama Moscati.

Mentre incoraggia e augura che l'altro si ristabilisca in salute, con discrezione e delicatezza gli ricorda che tutto è passeggero quaggiù... E, cosa impensabile in un giovane medico, uno studioso, gli consiglia «la prima medicina: l'infinito Amore»!, cioè il sacramento dell'eucaristia che

[6] *Ibidem*.

Francesco Moscati, padre del dottor Giuseppe.

Rosa De Luca, la madre.

Giuseppe Moscati, terzo da sinistra seduto, giovane docente tra i suoi primi studenti.

L'Università di Napoli fondata da Federico II.

Il professor Moscati (penultimo a destra) tra i suoi colleghi.

Moscati (quarto da destra in prima fila) con i suoi studenti nell'anno accademico 1923. Il primo a destra è il dottor Guerricchio.

Lapide marmorea all'ingresso dell'Ospedale degli Incurabili in memoria di san Giuseppe Moscati. Qui fu Primario e vi lavorò per tutta la vita.

Cortile interno dell'Ospedale degli Incurabili, particolare.

Madonna del buon Consiglio nella chiesa delle suore Sacramentine. «Innanzi a questa immagine di Lei…».

Una delle due rampe di accesso alla Farmacia del Seicento nel cortile dell'Ospedale degli Incurabili. All'interno: elegante arredo in noce con 400 vasi policromi in maiolica del Settecento napoletano.

Chiesa del Gesù Nuovo.

Campanile e abside della chiesa del Gesù Nuovo visti dalla finestra della camera di Moscati. Egli vi adorava la divina Presenza nell'eucaristia.

Urna in bronzo dello scultore Amedeo Garufi: custodisce i resti mortali di san Giuseppe Moscati nella chiesa del Gesù Nuovo.

Giovanni Paolo II col miracolato Giuseppe Montefusco e la madre. Il miracolo della guarigione di Montefusco fu decisivo per la canonizzazione di Giuseppe Moscati.

Piazza San Pietro, 25 ottobre 1987. Giovanni Paolo II saluta la folla dopo la canonizzazione di san Giuseppe Moscati. Sono presenti circa centomila persone.

nutrirà lo spirito ma gioverà anche al corpo dell'infermo. Ancora una volta Gesù, il Cristo è per Moscati l'Amore sommo. Anzi, «l'infinito Amore».

Questa sua preoccupazione di suscitare nei suoi interlocutori il desiderio di Dio non lo lasciava mai, specialmente quando sapeva che l'altro non se ne dava pensiero o che addirittura lo rifiutava.

E non perdeva occasione per richiamare questa possibilità di Grazia offerta a tutti. A un suo collega che aveva il fratello ammalato, scriveva: «... Ma soprattutto vi ricordo che c'è un Medico al di sopra di noi: Iddio! Di cui domani è la festa Eucaristica[7]. Vi prego di non privare vostro fratello di questa Medicina che è la santa Comunione: diteglielo a nome mio»[8].

Il professor Pietro Capasso ricorda un episodio che potrebbe considerarsi profetico.

«Il professor Antonio Cardarelli[9] si era ritirato da qualche anno dall'insegnamento, e sentiva nel cuore un'indicibile amarezza per circostanze che riflettevano l'avvenire della Scuola Medica napoletana, il cui nome egli aveva tenuto così alto. S'incontrò un giorno in consulto col professor Moscati insieme con un altro illustre clinico. Il vegliardo, dopo aver dato sfogo alla tristezza del suo animo, rivolto al giovane maestro, esclamò sorridendo: "Tu sarai il continuatore delle gloriose tradizioni!"»[10].

Sembrerebbe profezia se non fosse già supportata da conoscenze sperimentate della perizia e del valore del giovane medico, in cui il famoso Cardarelli vede una pro-

---

[7] Era la festa del *Corpus Domini* del 1925.
[8] A. Tripodoro, *C'è un medico al di sopra di noi*, in *Il Gesù Nuovo*, gennaio-febbraio 1990.
[9] Antonio Cardarelli, Civitanova Campobasso 1832 - Napoli 1927. È considerato il più grande esponente della Scuola Medica Napoletana della prima metà del Novecento.
[10] E. Marini, *Il prof. Giuseppe Moscati.*

messa di futuro per la medicina. Infatti, Moscati fu considerato presto, nella stima comune, il secondo Cardarelli.

Ci si è chiesto come mai a un medico così prestigioso non è stata offerta una cattedra all'Università di Napoli.
Pare che Moscati abbia declinato l'invito alla docenza universitaria per amore dell'ospedale e dei suoi allievi, indicando nel dottor Quagliariello la persona adatta a ricoprire l'incarico. Probabilmente questa scelta fu una delle rinunce più sofferte perché egli amava l'insegnamento e la ricerca scientifica. Scegliendo la carriera ospedaliera, indubbiamente seguiva un intimo impulso della Provvidenza che lo guidava per altre vie. Il professor Quagliariello, riferendosi a Moscati, conferma quanto sopra:

«Come seppi più tardi, egli fece per me molto di più. Dovendosi provvedere a coprire la cattedra di chimica fisiologica rimasta vacante in seguito alla morte del professor Malerba, avvenuta verso la fine del 1917, ed essendo la Facoltà orientata verso di lui che aveva già impartito l'insegnamento con piena soddisfazione di maestri e di allievi durante il lungo periodo della malattia del Malerba e dopo la sua morte, fece sapere che non avrebbe accettato l'incarico, e suggerì e raccomandò il mio nome, col risultato che l'incarico venne a me conferito.
Quanti di questi gesti di generosità egli abbia compiuto è noto soltanto a Dio, perché qualche volta sono rimasti ignoti anche a coloro che ne trassero beneficio.
E un'altra rinuncia più dolorosa fece il Moscati, quella dell'insegnamento ufficiale che avrebbe immancabilmente raggiunto solo che l'avesse voluto, e la fece per amore del suo ospedale e dei suoi allievi continuamente aumentati intorno a lui»[11].

---

[11] G. Quagliariello, dal discorso tenuto nell'Aula Magna dell'Università di Napoli, a vent'anni dalla morte.

Il «medico dei poveri»

Il professor Moscati seguiva i suoi pazienti con grande dedizione, specialmente i più poveri, tanto da essere definito «il medico dei poveri». Nell'Italia dell'epoca, la povertà era di casa ovunque. Napoli, poi, era una città sovrappopolata da sempre, e con scarse risorse economiche.

Ma quest'uomo che si prendeva tanta cura dei poveri, era povero lui stesso. Inspiegabilmente povero. Era un medico affermato e ricercato, specialmente per consulti anche fuori città, docente universitario... Dove finivano i suoi guadagni?

Dalla ricca aneddotica su Moscati, ricordiamo alcuni episodi nel corso del libro che spiegano anche dove finissero i soldi del professore.

Si racconta che un uomo anziano, povero e malato, viveva solo in un tugurio fuori città. Era a rischio per una malattia di cuore e Moscati lo sapeva: aveva bisogno di continui controlli. Allora, per poterlo controllare fece un patto col suo paziente: doveva farsi trovare al bar ogni mattina quando lui passava per andare all'Ospedale degli Incurabili. Qui avrebbe potuto far colazione pre-pagata dal dottore, tutti i giorni. Questi si affacciava: se il vecchietto c'era, salutava e proseguiva; se non c'era era segno che stava male e il dottore lo avrebbe raggiunto a casa.

È il caso di dire che la carità sa escogitare tutti i mezzi, pagando anche di persona, pur di essere utile a chi è nel bisogno.

«Avete fatto il precetto pasquale?», si informava sovente dai suoi pazienti. Oggi, nella nostra cultura ampiamente secolarizzata, una domanda del genere e da parte di un medico provocherebbe al minimo sorpresa. Ma per Moscati era una domanda abituale. E non di rado raccomandava il sacramento della confessione e della comunione come cura del male che il paziente soffriva. «Starete meglio», aggiungeva sempre.

Mens sana in corpore sano, era il principio degli antichi, e Moscati segue lo stesso principio ma nella luce della Rivelazione, con lo spirito del Vangelo. Egli sa che l'armonia interiore dello spirito influenza benevolmente anche il corpo, viceversa un disagio interiore può condizionare il benessere fisico. Ed egli confida nella «prima medicina» che è l'eucaristia e non si stanca mai di «prescriverla», magari anche senza le sue medicine.

Una suora clarissa del monastero di Ravello raccontò un episodio della sua giovinezza che delinea ulteriormente la figura di Moscati e la sua sensibilità umana e religiosa. Era il 1926. La giovane era caduta in una prostrazione tale che le portava una febbre altissima tutti i giorni. Il nonno volle farla visitare dal professor Moscati a Napoli. Li accompagnava il medico curante.

«Questa ragazza ha fatto il precetto pasquale?», si informò il dottore appena la vide. Poi con il suo intuito comprese che la giovane non soffriva soltanto fisicamente. «È sana come un pesce», disse dopo una visita molto accurata; «forse ha qualche pensiero in testa». Infatti, il desiderio della giovane era di entrare nel monastero delle Clarisse, ma i familiari erano contrari.

«Queste ragazze perdono la testa: o per un uomo o per Gesù Cristo», disse il dottore. «E accontentatela!». Poi aggiunse: «Deve mangiare e bere vino vecchio, perché è troppo dimagrita e anemica». Nel salutarli, rivolto al nonno, disse: «Non la contristate, non la contristate!». La suora ricorda che non volle nessun compenso[12].

Questo era Moscati: interessato alle realtà spirituali ma saldamente ancorato alle realtà terrene, avendo presente, con lucido intuito, le une e le altre.

---

[12] Cfr. S. E., *Moscati nel ricordo di una clarissa di Ravello*, in *Il Gesù Nuovo* (1990) 102-103.

Ed è opportuno ricordare che questo comportamento ricorda da vicino quello del Maestro divino registrato dai Vangeli. Marco e Luca, infatti, raccontano un miracolo di Gesù: la risurrezione della figlia di Giairo, il capo della sinagoga. Ebbene, entrambi ricordano che nello stupore generale seguito al miracolo della risurrezione della piccola, già morta, solo Gesù si preoccupa che la bambina possa aver fame e dice ai genitori, anch'essi frastornati e distratti, di darle da mangiare (Mc 5,35-43; Lc 8,49-56).

È squisita questa sensibilità umana di Gesù che si preoccupa per una bambina malata che possa aver fame... Ma in una profonda frequentazione con Lui anche il cristiano affina la sua sensibilità, e diventa capace di volgere intorno lo sguardo per cogliere eventuali bisogni concreti di chi gli sta accanto.

Un medico povero

Un'altra riflessione è d'obbligo in margine al ricordo della suora che afferma come il dottore «non volle nessun compenso». Forse quella volta fu per riguardo alla presenza del collega che accompagnava la giovane, ma il più delle volte era a causa della povertà del paziente. Insomma, con un tale stile di vita si spiega facilmente perché il dottore fosse sempre «al verde».

Camminava a piedi e con mezzi pubblici, tranquillamente, in un tempo in cui l'automobile o la carrozza per un medico era il segno di uno *status simbol*. Questo meravigliava anche i suoi studenti. Anzi, una volta gli chiesero perché mai non avesse un'automobile come gli altri colleghi. Moscati sembrò un po' seccato, poi rispose che per i suoi impegni non poteva affrontare quella spesa, perché egli era povero.

Ed è noto che i suoi impegni includevano anche quel sommerso di povertà e di miseria che osservava talvolta attorno a sé, nelle case di molti suoi pazienti.

Infatti, il dottor Galdi, suo allievo di corso, testimoniò che il professore destinava per lo più ai poveri quello che guadagnava, quei poveri che non solo curava gratuitamente, ma che assisteva anche a livello economico.

Un episodio che oggi, forse, difficilmente avrebbe cittadinanza tra i grandi luminari della medicina, è raccontato da un suo collega, il dottor Francesco Brancaccio che lo aveva chiamato d'urgenza a Portici per un consulto.

Si trattava di un suo paziente, un giovane che aveva avuto un attacco di appendicite e doveva essere operato. Moscati lo visitò e si oppose energicamente all'intervento. In quindici giorni tornò quattro volte a visitarlo, finché il giovane non si ristabilì completamente. Al termine, gli venne dato l'onorario in una busta.

Lungo la strada del ritorno, Moscati ebbe un dubbio e aprì la busta: c'erano mille lire. Tornò subito sui suoi passi e affrontò il padre del giovane mostrandosi offeso per quella somma. L'uomo credette di aver dato troppo poco e aggiunse un altro biglietto da mille che il dottore rifiutò energicamente. Anzi, prese dal portafoglio ottocento lire e le lasciò sul tavolo. Poi uscì rapidamente.

Questo grande specialista del '900 aveva preso 200 lire di onorario per quattro consulti! Un compenso decisamente modesto anche per quell'epoca.

Ma forse è un monito per il nostro tempo, per certi onorari di alcuni medici «specialisti» con cifre da «petrolieri», alle cui cure non possono accedere, naturalmente, i poveri, ignorando così i principi del *Giuramento di Ippocrate*[13].

La nobiltà d'animo del professor Moscati emerge da molte testimonianze di coloro che lo conobbero. Il suo

---

[13] Ippocrate, medico di Cos, in Grecia (460-377 a.C.). Nel suo «Giuramento» sono contenute norme di deontologia medica. Tale giuramento, modificato, è quello che prestano ancora oggi i medici prima di cominciare a esercitare la professione.

spirito di solidarietà aveva il carisma della gratuità, e così la sua amicizia.

Durante il periodo bellico il dottor Arturo Primavera nel 1918 fu chiamato al servizio militare, ma da appena un anno aveva ricevuto l'incarico di coadiutore ordinario all'Istituto Armanni, e avrebbe certamente perduto il posto se qualcuno non lo avesse sostituito. Soprattutto che il sostituto gli avrebbe poi restituito il posto al suo ritorno.

Ricordando questo episodio, così scrive alla sorella Anna dopo la morte di Moscati:

«Comprenderà, signorina, che fu a suo fratello che mi rivolsi, e suo fratello, anche questa volta, mi provò la sua vera, grande amicizia. Per sei mesi lavorò in mia vece, e al ritorno voleva a forza restituirmi qualche migliaio di lire che aveva guadagnato eseguendo delle analisi dei miei clienti. Al mio giusto rifiuto, suo fratello, piuttosto che prendere quel denaro, che pure aveva guadagnato lavorando, preferì elargirlo all'Amministrazione degli Incurabili»[14].

C'è in quest'uomo una nobiltà interiore, un distacco dalle cose e dagli interessi personali che talvolta stupisce.

Muore la madre

Nel *Libro dei Salmi* c'è un versetto, uno dei tanti, colmo di speranza: «Passando per la valle del pianto la cambia in una sorgente», dice il salmista (Sal 84,7). Chi ha questo potere? C'è Qualcuno il cui amore per noi non viene mai meno, che non ci dimentica, anche qualora ci trovassimo nella valle del pianto… e ha il potere di cambiarla in una sorgente di pace.

Il 25 novembre del 1914 muore la madre di Moscati.

«Signore, sia fatta la tua volontà. Signore, abbi nella tua gloria l'anima di *mammà*», annotava il professore nel suo diario. E alla fine dell'anno ancora una frase, una sol-

---

[14] E. Marini, *Il prof. Giuseppe Moscati.*

tanto, che lascia intuire tutta l'esperienza dolorosa di quell'anno: «31 dicembre. Sia fatta la volontà di Dio!».

All'inizio del nuovo anno 1915: «1° gennaio. Il Nome di Gesù. Con questo comincia il primo anno dopo la dipartita della mamma»[15]. Poche parole, cenni più che frasi compiute, ma che dicono la sua profonda sofferenza.

Con la perdita di sua madre, Moscati aveva sperimentato certamente un dolore immenso. Egli si rendeva conto che scomparivano, gradualmente, figure amate dei suoi affetti familiari a cui era tanto legato. Prima suo padre, poi il fratello Alberto e ora sua madre. Ma a sostenerlo c'è la sua grande fede e la convinzione che tra noi e chi ci ha lasciato esiste una comunione reale. Del resto, la Chiesa ci invita a credere nella «comunione dei santi», cioè a credere che c'è un legame tra noi e chi ha lasciato questa vita terrena. E queste sono le convinzioni di Moscati, lo si può comprendere da ciò che scrive, anni dopo, in occasione di condoglianze a una persona amica:

«Le dico subito con convinzione che la sua mamma non ha lasciato lei e le sue sorelle: vigila invisibile sulle sue creature, ella che ha sperimentato in un mondo migliore la misericordia di Dio e che prega e domanda conforto e rassegnazione per quelli che la piangono sulla terra. Anche io perdetti, ragazzo, mio padre, e poi, adulto, mia madre. E mio padre e mia madre mi sono a fianco, ne sento la dolce compagnia; e se cerco di imitare loro che furono giusti, io ne ho incoraggiamento...»[16].

Nina

Morta la madre, certamente Moscati si ritrovò più solo. Ma in casa c'era Nina, la sorella maggiore. La figura di questa donna è stata molto importante per il fratello me-

[15] *Ibidem.*
[16] *Ibidem.*

dico. Anna, che in casa era chiamata affettuosamente Nina, fu la persona che affiancò il professor Moscati nella sua carriera di medico e di apostolo. Era insegnante e aveva scelto di vivere la sua consacrazione al Signore nel laicato, vivendo in famiglia e nel mondo. Questa giovane donna sarà un punto di riferimento importante per questo fratello minore, ma di soli due anni.

Moscati riponeva grande fiducia nella sorella. A un amico che gli chiedeva dei pareri per l'educazione del figlio scriveva di rivolgersi a sua sorella Nina che gli sarebbe stata di grande aiuto. E non si trattava di scaricarsi di un onere, ma di orientare l'amico verso una reale possibilità di aiuto di cui si faceva garante.

Fratello e sorella formavano un sodalizio perfetto di carità materiale e spirituale verso quanti fossero nel bisogno. E a quel tempo, i bisogni della gente erano veramente tanti, troppi e per le motivazioni già ricordate.

Nella deposizione al Processo di beatificazione, il fratello del professor Moscati, Eugenio, disse tra l'altro: «Mio fratello ebbe a cuore la carità verso il prossimo. Tutta l'opera sua la spendeva gratuitamente e quel poco che prendeva da clienti che lui riteneva ricchi e abbienti, egli lo disponeva in opere di beneficenza e di carità, offriva medicine ai poveri e secondo l'opportunità li sovvenzionava. Per complice nel fare il bene al prossimo aveva la nostra sorella Nina»[17].

«Complice nel fare il bene»! È meravigliosa questa affermazione del fratello Eugenio che cita con compiacenza il ruolo di quella sorella così disponibile e dimentica di sé. Infatti, al di là della sua professione di insegnante, degli impegni di apostolato, Nina si era occupata anche dell'assistenza alla madre nella fragilità degli ultimi

---

[17] Positio super virtutibus servi Dei Josephi Moscati viri laici: *Summarium*, p. 15, citato da A. Marranzini in *Il Gesù Nuovo* 47 (1991) 402-412.

anni. E poi continuò a occuparsi dei fratelli rimasti in casa. In particolare affiancò il fratello medico negli aiuti ai bisognosi.

Sarà lei a visitare le famiglie in difficoltà che il fratello scopriva nelle visite a domicilio e gliele segnalava perché vi portasse un aiuto, economico e spirituale.

Il macellaio del quartiere, nella sua deposizione al Processo di Moscati, raccontò della lista di famiglie povere che Nina gli consegnava a fine settimana, a cui doveva mandare la carne.

Da precisare che, a quel tempo, mangiare la carne era un lusso che i più si concedevano soltanto la domenica. Ma il professor Moscati conosceva famiglie che non potevano permettersi quel lusso neppure in quel giorno. E allora provvedeva lui, il dottore sempre squattrinato... perché i suoi soldi prendevano varie direzioni di carità, quasi sempre nascosta. «Non lo dite a nessuno!», diceva talvolta per occultare un gesto di generosità. E Nina era «complice» anche in questo.

Qualche volta, con intuito e delicatezza femminile, Nina interveniva presso il fratello per stemperarne la severità nel trattare qualche ammalato un po' particolare. Allora Moscati, con pazienza, era costretto a giustificarsi con la sorella con motivazioni professionali di opportunità. E concludeva celiando: «Ma quante cose vuoi sapere!...».

Sarà lei che, talvolta, a guisa di angelo consolatore, accoglierà le preoccupazioni e le stanchezze del fratello quando la misura di amarezze era colma e trasbordava dal silenzio abituale.

Sarà sempre lei a provvedere alle necessità di questo fratello così particolare da non avere il tempo di comprarsi un vestito o qualcos'altro di necessario.

E sarà ancora lei, Nina, che dopo la sua morte ne custodirà la memoria. Anche perché, due giorni dopo la morte di Moscati, il suo confessore consigliò alla famiglia di conservare tutto ciò che gli era appartenuto, dai vestiti agli oggetti.

E Nina raccolse gli scritti di «Peppino» e tutte le sue cose; mobilitò quante persone conosceva per reperire lettere, scritti vari... e quant'altro poteva testimoniare di quel fratello così amato.

Forse perché, come quel sacerdote, lei vedeva lontano.

Nina raggiungerà il fratello quattro anni dopo, nel 1931. Colpita da un tumore, a differenza del dottore, sopportò un lungo calvario. Ma ebbe la gioia di vedere avviato l'*iter* di beatificazione del suo amato «Peppino».

VI
GIUSEPPE MOSCATI, L'UOMO

Il fascino, il carattere

È indubbio che Moscati possedesse una personalità di molto fascino, non solo professionale. Al di là di un certo *charme* nell'aspetto fisico, rilevabile dalle foto d'epoca, l'estrazione borghese, l'educazione avuta, la vasta cultura gli conferivano certamente l'eleganza di uno «stile» nel comportamento e nelle relazioni, cosa che ne aumentava il fascino e il prestigio. Inoltre, possedeva una innata sensibilità, una nobiltà dell'animo che costituivano la struttura della sua personalità.

Un suo collega, il professor Quagliariello, disse di Moscati che possedeva una poderosa intelligenza, una memoria ferrea e una sensibilità squisita. Inoltre, era nato ed educato in una famiglia di grandi tradizioni cristiane e umanistiche: ambiente ideale per sviluppare al meglio le sue facoltà già fuori del comune.

Tutto questo influiva notevolmente in chi lo avvicinava. I tanti episodi di gentilezza, di generosità e di abnegazione che si raccontano intorno alla sua persona possono spiegare ampiamente queste considerazioni.

Naturalmente, come succede, non tutti recepivano in modo positivo l'influsso del giovane dottore. Infatti, sperimentò malintesi, gelosie, invidie... del repertorio umano che allignano anche, e forse soprattutto, a certi livelli sociali e professionali.

Ma egli non era capace di rancori. Anzi, a un collega

che lo incolpa di qualcosa di personale che riguarda la sua carriera, Moscati gli scrive una lunga lettera dove, con pazienza, gli spiega come stanno realmente le cose. Poi afferma, sottolineando più volte la frase: «Non ho mai, da che un orientamento cristiano del mio spirito mi domina, ossia da lunghi anni, non ho mai detto male dei colleghi, della loro opera, dei loro giudizi». E conclude: «Io dimentico tutto e spero che il tuo nobile cuore si saprà ricredere».

All'astio dell'amico offre ancora la sua amicizia disinteressata e il suo affetto.

Tra quanti lo conobbero, c'è la convinzione che Moscati avesse un carattere piuttosto burbero, sbrigativo nei modi, anche se aveva un cuore grande, e sempre disponibile alle necessità di chiunque si trovasse nel bisogno.

Certamente quest'uomo viveva un ritmo piuttosto *accelerato* di impegni vari, e non solo professionali ma anche di solidarietà e di carità. Cosa che poteva arrecargli una certa ansia di arrivare a tutto, come testimonia qualche collega. Perciò, quando gli sembrava di perdere tempo si innervosiva. Ma è indubbio il suo auto-controllo perché poi molti aggiungono che era anche mite e comprensivo.

Burbero e socievole

Ma c'è un lato del suo carattere che non è stato considerato a sufficienza. Moscati era un tipo socievole e godeva della compagnia degli amici. Un suo collega, il professor Alfredo Bevacqua, afferma che Moscati poteva sembrare anche burbero ma, in realtà, era molto affabile e conversava con piacere. E ricorda le allegre risate alle barzellette che raccontavano gli amici.

Dunque, Moscati amava anche l'allegria. Forse si può affermare che fosse molto discreto, piuttosto *misurato*.

Il professor Quagliariello, riferendosi alla socievolezza di Moscati e alla capacità del suo carattere di suscitare simpatia attorno a lui, raccontò un episodio che risale al viaggio che fecero insieme nel 1923, e che meravigliò anche lui che gli era amico:

«A Edimburgo, i cattolici (italiani) di quella città, eminentemente protestante, vennero a cercarlo nella casa dove eravamo ospitati, e vollero averlo una sera con loro in una riunione amichevole. Anche io presi parte alla riunione e ricordo come egli con la sua profonda conoscenza della questione religiosa in Inghilterra, con la sua conversazione semplice, mai vana, con la precisione del suo giudizio riuscì in poche ore a conquistare l'ammirazione e la simpatia di tutti i presenti.

E quando due giorni dopo partimmo da Edimburgo, erano quasi tutti alla stazione a salutarlo, compreso il Console d'Italia»[1].

Moscati aveva la capacità di intessere e coltivare facilmente l'amicizia. Il suo cuore era naturalmente portato all'accoglienza dell'altro. Tutto questo si rileva anche dal fitto epistolario, per lo più lettere brevi, o soltanto biglietti di poche righe, ma pregni di presenza umana e partecipativa. Infatti, nonostante i molti impegni professionali, rispondeva sempre a chi gli scriveva e si rendeva comunque presente in occasione di eventi, anche minimi.

Moscati viveva una povertà dello spirito che lo rendeva *libero* di fronte alle cose. La sorella racconta che non chiedeva mai nulla. Bisognava seguirlo e provvedere a sua insaputa. Era sobrio in tutto, anche nel vestire. «E se qualche volta trovava magicamente cambiato il vestito», racconta la sorella, «finiva per sorridere; ma quanto vo-

---

[1] E. Marini, *Il prof. Giuseppe Moscati della Regia Università di Napoli*, Ed. Giannini e Figli, Napoli 1930².

lentieri avrebbe indossato un saio. Tutto era superfluo per lui, anche il necessario », conclude Nina.

A quel tempo non esisteva il *prêt-à-porter* nei negozi, cioè gli abiti pronti da indossare cuciti su taglie standard, come oggi. Si andava dal sarto che prendeva le misure e poi cuciva l'abito. Era la cosiddetta « arte sartoriale » oggi scomparsa con l'avvento delle grandi case di confezioni *prêt-à-porter*, appunto. Perciò, Nina era costretta a comprare lei la stoffa per fargli cucire un vestito. Non solo, ma doveva far venire il sarto a casa. Poi chiamava il fratello per le misure. Per lui non era importante avere un vestito nuovo, tantomeno pensava al colore o al taglio. Non aveva tempo per pensarci, né se ne preoccupava.

« Mai, mai pensò a sé », continua Nina. « E se riceveva in dono degli oggetti, li guardava come cose che non gli appartenessero ».

C'è da considerare che Moscati era un intellettuale, uno studioso. E, talvolta, persone che appartengono a questa categoria sono piuttosto indifferenti alle cose che ritengono secondarie rispetto ai loro obiettivi particolari.

Al dottore stavano a cuore la medicina, la ricerca scientifica per strappare alla morte ogni segreto possibile e sconfiggerla. Le molte ore dedicate allo studio, alla ricerca in laboratorio, in sala di anatomia e alle sue numerose pubblicazioni scientifiche... lo testimoniano.

E poi gli stavano a cuore gli ammalati, i giovani studenti di medicina di cui curava la formazione con l'insegnamento e l'osservazione nei reparti, le ore di visite nel suo studio dove confluivano anche molti poveri, e le visite a domicilio come medico condotto... Nelle visite a domicilio poi, specialmente in certi quartieri meno abbienti, incontrava spesso l'indigenza e il bisogno.

Erano questi i suoi interessi primari. Ma non era estraneo alla realtà della vita, ai problemi del territorio, agli eventi sociali... Né all'arte e alle manifestazioni del bello, come già notato. Nulla gli era estraneo, ma in tutto aveva una sua gerarchia, una sua priorità di attenzione.

Notizie di viaggio

La cordialità e l'affettuosità di Moscati, nonché una certa divertente ironia, si coglie anche dalle sue lettere; in quelle di viaggio, specialmente. Durante il viaggio a Edimburgo per il Congresso di Fisiologia del 1923, scrive non solo per la sorella e i fratelli che ha lasciato a Napoli, ma si premura anche di ricordare gli amici alla fine della lettera; da notare che scrive ogni giorno per raccontare le meraviglie del viaggio, e con una descrizione così « pittorica » che sembra di vedere i luoghi di cui parla.

Nelle lettere cerca di far partecipe i suoi di quello che vede. Disegna per loro persino la pianta topografica di Parigi e indica anche il luogo dove è alloggiato.

« Parigi ha una topografia facile, ch'è bene sappiate, perché vi rimarrà impressa, si stratificherà nella memoria, e così, appena verrete a Parigi, vi sarà di guida. Vi disegno il nucleo parigino. Ponete questa pianta sulla tavola sotto il lume, e la casa dove sto io viene a capitare... presso la finestra! »[2].

Oltre a descrivere poi le varie opere artistiche, i vari reperti di archeologia, gli ospedali con le loro strutture, aggiunge spesso anche qualche nota divertente che non è sfuggita alla sua lente di osservatore: pennellate di costume, personaggi particolari... dove trapela un umorismo divertito e sornione, tipico della gente partenopea.

A Londra, entrato in una chiesa italiana, vede un vecchietto che raccoglie l'obolo e gli domanda, in inglese, a che ora c'è la messa (era domenica). L'altro lo guarda, poi gli dice: « Signurì, a l'otto! ». Era un vecchietto napoleta-

---

[2] *Ibidem*.

no... che gli rispondeva nel comune idioma. Sorpresa e gioia del dottore che, nella lettera successiva, lo racconta ai suoi che non hanno la fortuna di godere di questi incontri!
E non è finita. Uscendo di chiesa incontra una vecchietta per la strada. Incoraggiato dall'incontro precedente, le domanda: «Voi siete italiana?». «Gnorsì, so di Ravello». «Che fate qui?». «Ccà aggia murì ormai; vendo frutti»[3].

Moscati, nel raccontare, riscrive con cura le risposte in dialetto napoletano dei suoi interlocutori. Ed è senz'altro un modo non soltanto divertito ma anche affettuoso di constatare queste impensate «isole di italianità» in un Paese straniero. Era l'epoca delle grandi emigrazioni di italiani all'estero per... fame! E la città di Napoli non ne era esente; anzi, la tragica realtà di quegli anni confluì poi nelle celebri canzoni napoletane di grandi autori: bastimenti stracarichi che partono per «terre assai luntane», lacrime di chi resta, nostalgie di chi parte, famiglie divise...
È sorprendente notare come Moscati, catturato dalle tele di Leonardo, di Rubens, di Van Dich o dalla stele di Rosetta e di altre opere che descrive ai suoi una ad una, goda poi tanto di incontrare degli sconosciuti e chiacchierare un po' con loro. Questi incontri sono altrettanto importanti per lui al punto da farne oggetto delle sue lettere. È quella dimensione squisitamente umana della sua personalità che emerge spontanea nelle relazioni con chiunque.

In un'altra lettera, dopo aver descritto in lungo e in largo l'Abbazia anglicana di Westminster, superba nel suo gotico, ma con «bruttissime statue di eminenti inglesi» stipate l'una accanto all'altra «come in un cimitero troppo pieno...», la Cattedrale cattolica di San Paolo, i musei: il British, la National Gallery, eccetera, finisce col raccon-

[3] *Ibidem.*

tare della colazione del mattino, anch'essa importante dal versante dell'ilarità:

«Qua si mangia così: la mattina alle 8 caffè, pesce fritto, *bacon*... Non sapete che cosa è il *bacon*? È il porco (pancetta affumicata), marmellate, burro, latte! E così di seguito. Che gioia...»[4].

Da immaginare la sua faccia divertita mentre racconta ai suoi queste usanze così diverse da quelle della sua Napoli, dove a colazione è sufficiente *'a tazzulella 'e cafè* (la tazzina di caffè) e magari una *sfogliatella*.

Da Parigi continua le sue osservazioni divertite:

«C'è una curiosa usanza nelle chiese. Il sacerdote esce per dire la messa preceduto dal rumore di un bastone sul pavimento. È un sacrestano o qualcosa di simile, vestito da gendarme che, tutto impettito, avanza battendo ritmicamente il suo grosso bastone sul pavimento, seguito da due accoliti e dal sacerdote.

Ho visto la cattedrale di *Notre Dame*. All'entrata è seduto su una cattedra un tale, con aria solenne, che ha la faccia di un notaio antico, il quale solleva verso di voi che entrate, un grosso pennello: io ho capito subito ch'era intinto di acqua santa, e ho seguito l'esempio degli altri di accostarvi il dito e segnarsi»[5].

In un'altra lettera:

«Stamattina sono stato a *Notre Dame*: avevo interesse di visitare l'Hotel-Dieu (il più grande ospedale di Parigi) ch'è lì presso. Dopo aver rivisto il mio amico, seduto sulla sua cattedra col pennello in mano intinto di acqua santa, e che mi ha ricordato il *Quasimodo victorughiano*, ho dovuto pagare 15 centesimi per entrare nella navata centrale. Ho visto gironzolare il generale napoleonico col suo bastone ritmicamente battuto sul pavimento; questa volta

---

[4] *Ibidem*.
[5] *Ibidem*.

precedeva un canonico che andava raccogliendo l'obolo. Ogni tanto si fermava e diceva a voce alta:
S'il vous plait, messieurs, c'est puor l'église o pour le pauvres.
Da queste strane figure dovette essere impressionato, forse involontariamente, il genio di Victor Hugo»[6].

Ed ecco gli affettuosi finali delle sue lettere.
«Io conto rimanere il meno possibile a Parigi, e fondando sui vostri incoraggiamenti, ritarderei di qualche giorno il ritorno nella amata Italia, per puntare un momento a Lourdes. Al carissimo Presidente, all'amico Arcangelo De Maio, a Errico Ruta, tante cose affettuose. Saluti ad Anna e Maria. Vi bacio e abbraccio»[7].
Altra lettera:
«Saluti cordiali a De Maio, al Presidente Sorrentino, Errico Ruta, a Ciccio Penna. Ricordatemi a Teresa e a Franco. Saluti ad Anna, a Maria e Raffaele, ai signori del palazzo. Vi bacio. Peppino»[8].

Moscati non dimentica nessuno, per tutti ha un saluto: colleghi, amici, sorella e fratelli, la domestica, il portiere, i «signori del palazzo»... Questi ultimi sono i vari inquilini dello stabile dove abitava, in Via Cisterna dell'olio!
Forse sorridiamo, abituati a salutare «sì e no» i condomini che prendono l'ascensore con noi... Spesso non si conosce neppure chi abita al piano di sopra.
A quel tempo, siamo negli Anni Venti del secolo scorso, tra gli abitanti di un condominio, specialmente nell'area partenopea, era come trovarsi avvolti da un'amicizia *globale*. I rapporti erano molto semplici e cordiali.

---

[6] *Ibidem*. Riferimento ai personaggi del romanzo *Notre Dame de Paris* di Victor Hugo.
[7] E. Marini, *Il prof. Giuseppe Moscati della Regia Università di Napoli*, Ed. Giannini e Figli, Napoli 1930².
[8] *Ibidem*.

Soprattutto si era sempre a conoscenza degli eventi che capitavano agli uni o agli altri (ma questo, naturalmente, aveva anche degli inconvenienti...). Immaginarsi un viaggio al nord Europa! Era senz'altro un avvenimento di rilievo, anche se si trattava di un Congresso di soli medici e, quindi, di interesse circoscritto. Ma vi partecipava «il dottore», conosciuto e amato, e che abitava nello stesso palazzo... Perciò, le notizie relative a questo viaggio erano senz'altro attese con curiosità da parenti, amici e... condomini. Il sentirsi ricordati in una lettera, poi, era senz'altro motivo di grande soddisfazione.

Inoltre, a quel tempo le comunicazioni erano piuttosto ridotte. Non esistevano i tiggì; e i giornali all'edicola erano una rarità. La radio non era ancora uno strumento fruibile dalle masse. Insomma, non c'erano tutte le possibilità comunicative che abbiamo oggi. Non succedeva mai niente perché... non lo si sapeva. Di qui la partecipazione emotiva a ogni evento che si riuscisse a conoscere.

Da notare che le lettere del professor Moscati, poi, ricevevano sempre una risposta. L'epistolario andava e... veniva, perché il viaggiatore si premurava di notificare per tempo i suoi spostamenti con relativo nuovo recapito. Una favola... se si pensa alla rapidità e facilità della comunicazione elettronica dei nostri giorni, a meno di un secolo di distanza!

In viaggio per Lourdes non può fare a meno di fare un confronto tra le ferrovie francesi e quelle italiane con il solito velato umorismo. Dice che il treno si è fermato un po' solo a Poitiers e a Tours, prima di arrivare a Lourdes. E commenta: «Treni veloci questi francesi, nel senso che camminano sempre senza fermarsi mai: cosa impossibile in Italia».

Camminano e non si fermano come quelli italiani... Siamo negli Anni Venti del secolo scorso quando le ferrovie avevano pochi decenni di vita. Tuttavia, se Moscati vivesse oggi noterebbe che qualche «difettuccio» ce l'hanno ancora le nostre ferrovie: l'*alta velocità* che spesso diventa *bassa*, motrici che si rompono, ritardi che si accumulano e biglietti, già salati, che aumentano. Bella Italia!, che amiamo anche così perché, come dice Moscati, sei «il più bel Paese del mondo!».

Il più bel Paese del mondo

Il professor Moscati, pur amando Santa Lucia di Serino, luogo delle sue radici, è molto affezionato alla sua città di adozione, Napoli, ed è fiero della sua italianità.

Durante il viaggio a Lourdes, è divertito che gli inglesi che incontra gli dicono che parla benissimo il loro idioma. Alcuni francesi, poi, lo hanno addirittura scambiato per inglese e un altro per polacco. «Ho dovuto sempre dire a tutti che ero italiano, che appartenevo al più bel Paese del mondo!»[9], scrive con entusiasmo ai suoi.

Pur nella sua sobrietà di vita, Moscati amava ciò che è bello. E amava sommamente la natura. E non gli sfugge nulla di quanto riguarda la vita umana e sociale. Si conserva una sua lettera di protesta e di indignazione, ma soprattutto di grande amore, per la sua città minacciata da una edilizia selvaggia (chissà cosa direbbe oggi).

Nonostante gli impegni sempre più pressanti della sua professione, trova il tempo di occuparsene. Ed esorta le autorità competenti al senso della misura per conciliare, ad esempio, la necessità di costruire abitazioni col rispetto per l'ambiente e il senso estetico della città. Infatti, scrive al Consiglio comunale questa lunga lettera che, nella sua interezza è una descrizione meravigliosa delle bel-

---

[9] *Ibidem.*

lezze naturali e artistiche di Napoli ai primi del Novecento, e che Moscati vede in pericolo con le costruzioni indiscriminate che avanzano e rischiano di soffocarla.

Ne riportiamo qualche frase:

«Non il terremoto, non il Vesuvio, né il cataclisma distruggeranno mai Napoli... ma i napoletani. Quel poco che è rimasto delle incantevoli pendici e dei colli, sfuggito alla mania costruttrice, scomparirà tra breve. E quel tanto di storico, e le più belle ville e palazzi sono minacciati dal piccone dei piani regolatori. Difettano le abitazioni, bisogna costruire. Tutto è giustificato... E Napoli bella muore, soffocata da macerie di case. A Napoli, odorante dei suoi aranceti d'aprile, e canora d'uccelli, non ci sarà più posto per l'erba. Dove più le infinite tinte delle colline del Vomero e di Posillipo, mutevoli col sole, nel primo alito di primavera, ammantate di mandorli fioriti? È necessario un senso di misura e soprattutto un senso estetico.

Il problema edilizio è connesso con quello dei trasporti. Urgono rapidissime comunicazioni con i villaggi e facilitare agli operai il tornare a casa la sera. Basterebbe cominciare a migliorare le comunicazioni con i paesi vicini e creare le vie alle nuove aree, rispettando la vecchia Napoli. Ma se si continuano ad addensare nella già densa Napoli le costruzioni, addio bellezza del panorama (di Napoli)»[10].

Moscati amava anche le vacanze.

All'inizio di un anno accademico e di lavoro, confida a un collega che, benché abbia la passione di prodigarsi per i giovani nell'insegnamento, si trova a desiderare le vacanze come loro: quelle di fine settimana, quelle natalizie... E Natale è ancora lontano dall'inizio dell'anno accademico!

---

[10] A. Marranzini, *Giuseppe Moscati. Modello del laico cristiano di oggi*, ADP, Roma 2003.

Nonostante il peso delle responsabilità, i vasti interessi, Moscati conservava un animo di fanciullo che lo rendeva recettivo alla spensieratezza di un po' di vacanza, magari solo domenicale.

Ma non sempre ciò gli era possibile perché, spesso, il dovere o la carità lo chiamavano altrove. «Verrò domenica», prometteva talvolta a una richiesta di visita medica a domicilio.

È una fortuna che i santi siano come noi, come la maggior parte dei mortali! Così nessuno può sentirsi in colpa di fronte al desiderio di qualcosa di bello, di una vacanza. Ciò non pregiudica una profonda vita interiore, tesa ai valori dello spirito. Infatti, basta leggere il Vangelo e vi troviamo Gesù che passa delle notti in preghiera, ma che non disdegna un invito a pranzo, e partecipa a una festa di nozze.

Interessi culturali

Moscati coltivava interessi culturali ad ampio spettro. Era innamorato della medicina e appassionato ai suoi misteri che cercava di scandagliare attraverso l'autopsia, la ricerca... Ma era anche ottimo conoscitore delle arti figurative; amava la musica e suonava lui stesso il violino e il pianoforte. Alla morte della madre smise di suonare. Non sappiamo perché. Forse elaborando il lutto per la madre comprese come tutte le cose, anche le più belle, fossero segnate dalla caducità? Ma è più verosimile pensare che fu a causa del suo tempo che si riduceva sempre di più. Gli impegni professionali aumentavano a ritmo crescente, man mano che la sua fama si diffondeva anche fuori regione. Ormai il tempo non era più suo: apparteneva ai suoi ammalati che ne richiedevano la presenza a ritmo continuo.

Tuttavia, il suo fu certamente un ulteriore distacco da qualcosa che amava.

Soprattutto era un appassionato di ogni cosa che elevasse lo spirito, che arricchisse la mente e il cuore. Lo si nota in particolare dalle lettere di viaggio. Quel suo osservare col cuore più che con gli occhi paesaggi, opere d'arte, costumi di vita... La sua straordinaria capacità descrittiva fa pensare agli appunti di grandi viaggiatori del passato: Montaigne, Goethe, Lamartine... E poi i vari riferimenti culturali: conosceva Walter Scott, Victor Hugo e le loro opere cui fa cenno. Ed erano romanzi, non libri di ascetica, non testi di medicina.

Questo spiega la sua personalità dalla cultura profonda e variegata. Tutto ciò che riguardasse l'uomo, gli eventi della vita e le sue espressioni codificate ed espresse nell'arte, nella letteratura, nella scienza... tutto questo faceva parte del suo vasto orizzonte conoscitivo.

Ma è anche sorprendente notare come quest'uomo così aperto al sapere, alla conoscenza, alla cultura *in toto* avesse anche così chiara la gerarchia delle cose. Infatti, la sua grande cultura non gli impedisce di vivere una intensa vita dello spirito, di dedicare del tempo alla preghiera, di dedicarsi ai più bisognosi... Soprattutto coltivare un rapporto personalissimo col suo Signore.

Quando lo spirito e il cuore hanno un grande punto di riferimento, tutto passa attraverso questa lente impalpabile che riconduce ogni cosa alle reali proporzioni. Allora più nulla fa paura perché c'è una luce che rischiara ogni possibile ombra... e si procede con passo svelto e sicuro nel cammino. Moscati aveva il suo grande punto di riferimento: la presenza del Cristo nelle sue giornate, il contatto quotidiano con Lui nell'eucaristia.

Tuttavia, talvolta si coglie qualcosa di *dolente* nella sua visione della vita. Probabilmente ciò è dovuto, in parte, alle esperienze di dolori familiari sofferti, ma anche alla spiritualità del tempo, basata più sul timor di Dio che sul suo amore di Padre.

Altro fattore di mestizia doveva essere la povertà e la miseria dei meno fortunati che vedeva attorno a sé, tra la gente di quei quartieri della sua città che conosceva attraverso le visite a domicilio, come dicevamo.

E poi il contatto quotidiano col dolore fisico. Tutte queste cose dovettero assillarlo di continuo e la sua grande sensibilità doveva risentirne non poco.

Alla morte di suo zio Carmelo osserva che questo evento segna un po' il crollo di tanti ricordi del passato, del tempo della spensieratezza che se ne va. È una sorta di spogliamento interiore che, anche se gli fa sperimentare una maggior solitudine, gli fa avvertire più forte la presenza di Dio.

La tristezza non ha molta presa sullo spirito di Moscati perché si percepisce più vicino a Dio. Questa vicinanza con l'Assoluto costituisce il punto di forza della sua vita. Ed è un'intima convinzione che cerca di diffondere anche attorno a sé, siano ammalati o studenti o colleghi.

Egli è il testimone dell'Invisibile, l'apostolo di quel Dio in cui ha riposto tutta la sua fiducia e che rischiara le ombre del suo cammino.

VII
TRA SCIENZA E FEDE

Uomo di cultura e di fede profonda

Nel 1919 Moscati viene nominato Primario della III Sala uomini dell'Ospedale degli Incurabili. In quella occasione scrive una lettera al Presidente dei Riuniti, il Senatore Giuseppe D'Andrea. Tra l'altro, dice: «Da ragazzo guardavo con interesse all'Ospedale degli Incurabili che mio padre mi additava lontano dalla terrazza di casa, ispirandomi sentimenti di pietà per il dolore senza nome lenito in quelle mura. Allora tutto compreso negli studi letterari appena iniziati, non sospettavo e non sognavo che un giorno in quell'edificio io avrei coperto il supremo grado clinico.

Procurerò, con l'aiuto di Dio, con le mie minime forze, di corrispondere alla fiducia in me riposta, e di collaborare alla ricostruzione anche economica dei vecchi ospedali napoletani, tanto benemeriti della carità e della cultura, e oggi tanto miseri»[1].

Dai ricordi di un suo discepolo.
«Nella III Sala Uomini (dell'Ospedale degli Incurabili) che Giuseppe Moscati trasformò in una gloriosa palestra d'insegnamento teorico e pratico, egli, dotato di una vasta cultura e di intuito clinico che ebbe del divino, for-

---

[1] A. Marranzini, *Giuseppe Moscati. Modello del laico cristiano di oggi*, ADP, Roma 2003.

mulò diagnosi di natura e di sede così complesse che, se l'esame necroscopico non le avesse confermate, sarebbero apparse azzardate. Di ogni malato che veniva a morire per una complessa forma morbosa, egli ne seguiva l'autopsia, dicendo a noi tutti: "La morte non dovrà portare il segreto nella tomba"»[2].

Questa «coscienza» professionale nel sentirsi coinvolto, quasi responsabile di un sapere da scoprire… ne fa un cultore straordinario del bene del malato, un accanito combattente del male da sconfiggere nelle sue varie forme, ancorché sconosciute.

I suoi colleghi affermano unanimi che era «dotato di una geniale intuizione e di una mirabile attitudine disaminativa». Nel formulare la diagnosi di un male sembrava ai suoi allievi che fosse ispirato dall'Alto.

Delle particolari intuizioni cliniche del professor Moscati nell'esercizio della sua professione, se ne parla parecchio. Ma si raccontano anche molte altre intuizioni di ordine spirituale. In qualche caso lo stesso Moscati ne restava sconcertato. E questo giustifica la convinzione diffusa che il dottore «vedesse» in modo speciale non solo nel groviglio dei mali fisici ma anche nei misteri del cuore umano.

In realtà, Moscati aveva una grande fede in Dio, creatore di ogni forma di vita, di ogni forma di bellezza che esiste nell'universo. Probabilmente si deve a questa comunanza con l'Invisibile l'acutezza del suo «vedere» speciale.

Negli anni Venti, con l'avvento del fascismo, cominciavano a prendere consistenza alcune teorie sulla salvaguardia della razza umana privilegiando soltanto individui sani ed eliminando tutti gli altri con vari metodi. Purtroppo, furono teorie che sfociarono nelle aberrazioni che conosciamo dalla storia recente e dai pochi testimoni

---

[2] *Ibidem.*

oculari sopravvissuti. Fu una valanga di perversione che colpì l'Europa. Quel periodo durò fino alla fine della Seconda Guerra mondiale, e incluse anche altre realtà «da eliminare», come la differenza di razza (Leggi razziali, rastrellamenti, campi di sterminio...).

Il professor Moscati, già nel 1925, nella prefazione a un volumetto sull'eugenetica[3], denunciava la pericolosità di queste teorie e dei mezzi per realizzarle come «lesivi della libertà umana, dell'etica e dell'economia della vita». Non solo, ma asseriva che con queste teorie (riferite alla selezione biologica) non avremmo mai avuto «grandi uomini del passato come Hermann Helmholtz col suo idrocefalo, Giacomo Leopardi, alcuni squisiti musicisti tisici... Perché grandi anime, spesso albergano in brutti corpi».

L'attenzione del professor Moscati era principalmente rivolta alla medicina. Coglieva ogni occasione per nuove conoscenze da applicare a quell'universo, peraltro sempre in gran parte ignoto, che è la malattia nelle tante sue forme.

Durante il soggiorno a Budapest, racconta il professor Quagliariello riferendosi al Congresso del 1911, «alla fine del Congresso decidemmo di dedicare tre o quattro giorni alla visita della città. Le visite, però, furono innanzi tutto per gli ospedali e per le cliniche e di esse un ricordo vivo mi è rimasto impresso nella mente: l'interesse che egli, che appariva ancora un adolescente, riusciva a destare con le sue domande, le sue obiezioni, l'affermazione delle sue idee e della sua esperienza, in clinici famosi quali Korany, Udranski, eccetera. Essendo sorta una discussione tra lui e il direttore della clinica chirurgica sull'esecuzione di una certa operazione, questi volle eseguirla il giorno dopo alla sua presenza»[4].

---

[3] G. De Giovanni - M. Mazzeo, *L'eugenetica*, Napoli 1925.
[4] A. Marranzini, *Giuseppe Moscati. Modello del laico*.

Congresso di Edimburgo

È il 1923. Nel periodo estivo, dal 18 luglio al 10 agosto, Moscati partecipa al Congresso internazionale di fisiologia[5] a Edimburgo[6]. Al ritorno si ferma due giorni a Lourdes.

Moscati parte alla volta di Edimburgo in compagnia del professor Quagliariello, del professor De Blasi e del professor Bottazzi. Quest'ultimo viaggia con la moglie e due figlie. Prima breve sosta a Roma. Data la ridotta velocità dei treni dell'epoca, i lunghi viaggi si facevano a tappe. E il gruppetto sosta a Roma, Torino, Parigi...

Racconta il professor Quagliariello che Moscati, durante questo viaggio, aveva quasi rimorso di aver lasciato gli ammalati per il Congresso.

«E benché non riuscisse a sottrarsi al fascino che le bellezze della natura e le manifestazioni più nobili dell'arte e della scienza esercitavano sul suo animo di poeta e sulla sua mente nutrita di cultura classica, il suo pensiero era sempre rivolto a Dio, al suo Ospedale, alla sua famiglia.

Il suo primo pensiero, appena ci si fermava in una città, era quello di cercare una chiesa cattolica, il secondo quello di andare a visitare gli ospedali. A Edimburgo, dove ci fermammo più a lungo, egli volle rendersi conto della organizzazione degli ospedali e dei più recenti metodi di indagine e di cura che venivano applicati, destando come già a Budapest, l'interesse di quei medici, i quali cominciavano con l'accoglierci con un'aria annoiata, ma fi-

---

[5] Nel 1911 Moscati aveva partecipato allo stesso Congresso che si era tenuto a Vienna. Vi era andato con altri colleghi, tra cui lo stesso dottor Quagliariello che deporrà poi al Processo canonico dopo la sua morte circa un episodio di allora.

[6] Edimburgo, capitale della Scozia, è una delle città più belle del mondo con circa 16.000 edifici di grande valore architettonico e storico. Antiche costruzioni occupano l'area centrale della città, stupende case del '500 e monumentali capolavori architettonici georgiani e vittoriani. L'intera città è considerata dall'Unesco *Patrimonio mondiale dell'Umanità*.

nivano poi col mettersi a sua disposizione in tutto, fino a pregarlo di assistere alla visita agli ammalati o a qualche atto operatorio di speciale importanza.

Egli visitava gli ospedali anche per cercarvi gli infermi italiani (ne abbiamo trovati dappertutto) ai quali portava la sua parola di conforto e di fede, ed eventualmente soccorso materiale»[7].

«Deus absconditus»

Pietro Castellino, professore di patologia medica a Padova e Napoli, ricercatore e scienziato, era di idee alquanto divergenti in materia di evoluzione dal Moscati, suo allievo. Questi gli era affezionato e lo incontrava spesso nella speranza di avvicinarlo a Dio. Tuttavia, nonostante le divergenze, il maestro aveva grande stima del giovane allievo, al punto da affermare alla sua morte che la professione medica come l'aveva esercitata Moscati era stata una «missione di alto sacerdozio». E in un articolo commemorativo[8] riportò addirittura il pensiero del Moscati sull'evoluzione:

«... Che la materia sia animata da moltissime e profondissime energie che la evolvono nelle sue attività e nella progressiva complessità delle sue forme nulla si oppone ad accogliere, ma occorre ritenere che questo principio di spiritualità che aspira a svilupparsi e a manifestare per gradi la sua efficienza, che quest'ordine meraviglioso, che si organizza nella materia fino a raggiungere le alte vette della sua organizzazione più elaborata, non sia altro che l'attestazione che un *Deus absconditus* regoli con suprema

---

[7] E. Marini, *Il prof. Giuseppe Moscati della Regia Università di Napoli,* Ed. Giannini e Figli, Napoli 1930[2].

[8] In occasione della traslazione della salma di Moscati dal cimitero di Poggioreale di Napoli alla chiesa del Gesù Nuovo, la direzione del giornale *Il Mattino* chiese al professor Castellino di ricordare con un articolo il professor Moscati.

intelligenza questo superbo edificio su cui si eleva la vita, la quale si svolge mercè leggi sancite dall'Alta Sapienza che tutto muove; tanto più meravigliose quanto esse governano non solo i colossali cosmi ma la delicatissima trama del più microscopico elemento»[9].

La fede di Moscati in questo Dio *absconditus*, ma creatore di tutte le cose, sostanziava il suo pensiero e la sua visione della vita, a tutti i livelli, incluso quello scientifico. E ne parlava con ferma convinzione anche davanti alle grandi personalità della medicina dell'epoca, incluso il suo maestro.

La semplicità, l'obiettività con cui esponeva il suo pensiero senza enfasi, ma con lo stile dello studioso e ricercatore appassionato soltanto della verità, la logica serrata del suo ragionamento gli conciliava la simpatia anche di chi la pensava in modo differente.

E non manca mai il riferimento al Signore di tutte le cose, anche «del più microscopico elemento». Indubbiamente le ore passate al microscopio osservando forme virali invisibili a occhio nudo ma esistenti e talvolta ancora sconosciute, affinavano il suo sguardo interiore verso il Creatore della vita.

«Ahimé», scriveva al collega Giuseppe Borgia, dopo una diagnosi senza speranza, «la nostra scienza, se fosse tutta fredda e destinata solo a mantenere i minuti piaceri del corpo, a che cosa servirebbe? Sarebbe un'ancella del materialismo e dell'egoismo! E perciò per metterla al riparo da simile accusa, noi medici, in momenti supremi come quello in cui si trova il nostro amico, ricordiamoci di avere di fronte a noi, oltre che un corpo, un'anima, creatura di Dio. E spero che il nostro infermo abbia provveduto al gran passo e che la sua ottima consorte lo abbia spinto a tanto.

[9] *Il Mattino*, 18 novembre 1930.

Vi garantisco che attraverso i miei diuturni studi compiuti e le conoscenze dei vari popoli d'Europa e dei loro costumi, ho radicato sempre più la credenza dell'aldilà. L'ingegno umano così possente, capace di manifestazioni di bellezza e di verità e di bene, non può essere che divino e l'anima e il pensiero umano a Dio devono ritornare »[10].

Il pensiero di una dimensione di vita oltre l'esperienza della morte era molto vivo in Moscati. Nel discorso che tenne per l'inaugurazione di un monumento nel cimitero di Poggioreale, osservava che dal momento che abbiamo bisogno di perpetuare nel marmo e nel bronzo le figure di grandi personalità scomparse... dimostra che il pensiero e lo spirito umano sono eterni.

In un biglietto di auguri che Moscati scrive al dottor Mario Mennato per la sua laurea, si coglie quanto gli stesse a cuore quel rapporto tra scienza e fede, tra professione medica ma anche cura spirituale dell'infermo.

« Abbiate, nella missione assegnatavi dalla Provvidenza, vivissimo sempre il senso del dovere: pensate cioè che i vostri infermi hanno soprattutto un'anima, a cui dovete sapervi avvicinare, e che dovete avvicinare a Dio; pensate che v'incombe l'obbligo di amore allo studio, perché solo così potrete adempiere al grande mandato di soccorrere le infelicità. Scienza e fede! »[11].

Quasi uno slogan: « Scienza e fede! », segno delle convinzioni profonde che animavano la sua professione di medico e la sua vita. Le lunghe ore di ricerca in laboratorio, l'osservazione di reperti di anatomia... tutto doveva servire a migliorare la medicina a beneficio degli ammalati e « soccorrere le infelicità ». Ma questa preoccupazione pro-

---

[10] A. Marranzini, *Un esponente della scuola medica napoletana*, ADP, Roma 2005.
[11] A. Marranzini, *Giuseppe Moscati. Modello del laico*.

fessionale non andava disgiunta dalla preoccupazione apostolica: avvicinarsi a Dio per avvicinare a Lui i fratelli.

Al professor Moscati stava a cuore sia la fede sia la scienza, e cercò di avvicinare ambedue le realtà che non vedeva affatto inconciliabili, nonostante il clima culturale dei primi del Novecento.

Infatti, Paolo VI, nel discorso che tenne in Piazza San Pietro per la beatificazione di Giuseppe Moscati, parlò di questa «difficile temperie culturale del suo tempo». Cioè, l'opposizione irriducibile tra scienza e fede allora molto diffusa «anche se», afferma il Pontefice, «come lui, vi furono in quel periodo figure di scienziati credenti di altissimo livello. L'equilibrio tra scienza e fede fu per Moscati una conquista (...) ma fu anche e soprattutto una certezza, posseduta intimamente, che guidava le sue ricerche e illuminava le sue cure. Se si è perfino potuto vedere nelle eccezionali doti della sua arte medica e chirurgica una qualche scintilla di illuminazione soprannaturale, carismatica, ciò è stato certamente dovuto alla sintesi luminosa ch'egli aveva compiuta tra le acquisizioni della dottrina umana e le "imperscrutabili ricchezze" della fede e della grazia divina».

E il Papa continua sottolineando che il conflitto tra scienza e fede continua ancora, tuttavia «oggi l'opposizione si fa più cauta, per la crisi filosofica della scienza e per l'avvertenza che i due ordini della conoscenza sono distinti e non opposti. Anzi si delinea una concezione che non solo li distingue, ma li rende complementari e convergenti nella ricerca trascendente della verità»[12].

Fede vissuta e ricerca scientifica sono da considerarsi certamente due grandi passioni di Moscati. Ambedue so-

---

[12] *Insegnamenti di Paolo VI*, XIII (1975), pp. 1290-1296, Libreria Editrice Vaticana.

no passioni per la verità: quella divina e quella umana e, tra l'altro, non sono assolutamente in contrasto.

I suoi studenti erano consapevoli di questi *amori* del maestro. Infatti, egli inculcava sempre negli allievi l'amore per la conoscenza scientifica. In una professione come quella del medico, è di somma importanza una profonda conoscenza delle varie patologie e delle relative possibilità di cura.

Ed esorta gli ex studenti, ormai laureati e nell'esercizio della professione medica, di non trascurare di ritornare sulle conoscenze acquisite e rivederle perché «il progresso sta in una continua critica di quanto apprendemmo». E conclude con la motivazione che «una sola scienza è incrollabile, quella rivelata da Dio». Dunque, tutte le altre sono suscettibili di cambiamento e bisogna tenerne conto.

L'amore per la scienza, per la conoscenza è anche amore per la verità. E Moscati esorta ad amare sempre la verità senza paura, anche se dovesse costare tormento e persecuzione, anche a costo della stessa vita. «Ama la verità, mostrati quale sei, senza infingimenti, senza paura e senza riguardi. E se la verità ti costa la persecuzione, tu accettala; e se tormento, tu sopportalo. E se per la verità dovessi sacrificare te stesso e la tua vita, tu sii forte nel sacrificio»[13].

Solo Dio è incrollabile

Ogni scienza umana, ogni conoscenza va rivista, aggiornata... perché evolve, si modifica, acquisisce nel corso del tempo nuove possibilità che non si possono ignorare. Soltanto la scienza di Dio è incrollabile, non muta. Ritorna in Moscati quel «punto fermo» che è la fede in Dio. Pur sostenendo l'importanza della scienza, della co-

[13] *Ibidem.*

noscenza, ci tiene a sottolineare che essa non va assolutamente disgiunta dalla fede in Dio e da una carità concreta per il prossimo che si trova nel bisogno. Infatti, scrive a un collega, il dottor Antonio Guerricchio:

«Non la scienza, ma la carità ha trasformato il mondo. Solo pochissimi uomini sono passati alla storia per la scienza; ma tutti potranno rimanere imperituri, simbolo dell'eternità della vita, in cui la morte non è che una tappa, una metamorfosi per un più alto ascenso, se si dedicheranno al bene»[14].

Concetto che sottolineava anche Paolo VI nella stessa omelia della beatificazione: «Come grandeggia in questa luce, la professione della medicina in Giuseppe Moscati! E come dobbiamo augurarci che tale professione, umana e provvida quant'altre mai, sia sempre animata dalla carità! Per comunicare calore, bontà, speranza nelle corsie degli ospedali, negli studi austeri dei medici, nelle aule sacre della scienza! Per difenderci dall'egoismo, dal freddo, dall'aridità che minaccia la società, spesso più preoccupata di diritti che di doveri!».

La carità, dunque, per difenderci dal freddo dell'egoismo e dall'aridità... anche dei nostri giorni che minaccia non solo i singoli ma tutta la società.

Per nostra fortuna in ogni epoca brilla sempre qualche luce improvvisa a dissipare ombre malsane e additare agli uomini e alle donne «che vogliono vedere» il cammino della solidarietà e della carità, anche a costi personali, come fu nella vita di quest'uomo. Moscati, infatti, è una di quelle luci che continuano a brillare per additare un cammino di vita ispirato ai principi del Vangelo.

Moscati aveva sperimentato nella sua famiglia la crudeltà del dolore senza rimedio e poteva, quindi, comprendere il peso dell'infelicità di una malattia invalidante.

---

[14] E. Marini, *Il Prof. Giuseppe Moscati.*

E si accaniva per carpire i segreti dei mali per poterli sconfiggere; cosa che insegnava ai suoi allievi. Alla morte non era lecito portar via alcun segreto senza che Moscati non provasse a strapparglielo, sia nelle corsie dell'ospedale sia quando, sconfitto, ci riprovava con l'autopsia.

L'autopsia doveva essere per lui, al di là dell'amore per la ricerca, una sofferenza particolare. Si trattava di sezionare un corpo che era stato dimora dello Spirito di Dio, si trattava di violare il pudore di chi non poteva più difenderlo. Infatti, i suoi studenti ricordano che prima di usare il bisturi, il dottore alzava lo sguardo sul crocifisso che aveva fatto appendere sulla parete di fronte al tavolo anatomico, e restava in silenzio qualche istante. Forse chiedeva perdono al «Signore della vita» per questa sua intrusione... o gli offriva quel lavoro di ricerca... o chiedeva lumi per comprendere? Non lo sappiamo. Ma forse chiedeva tutte queste cose insieme.

Talvolta, prima di cominciare, dopo qualche minuto di silenzio diceva con la solita, discreta, profonda sapienza: «Qui finisce la superbia dell'uomo! Odio, milioni, bagordi e poi?... Ecco che siamo! Com'è istruttiva la morte!»[15].

Padre Agostino Gemelli, medico anche lui, tracciò un profilo professionale del collega scomparso, in questi termini:

«Lavoratore semplicemente formidabile. Un temperamento intellettuale fatto sì, di serietà e di applicazione indefessa, ma soprattutto di rapidissima assimilazione per innata potenza intuitiva e di curiosità scientifica, che mai si smentirà attraverso le dotte ricerche. Dalla tesi magistrale del ventiduenne laureato sull'*urogenesi epatica* giù giù fino all'ultimo studio *sulle vie linfatiche dall'intestino ai polmoni,* è tutta una lunga serie di lavori pubblicati in riviste nostre e straniere, svolgenti temi di tecnica, di dia-

---

[15] *Ibidem.*

gnostica, di terapia; trentadue in tutto e di altissimo valore scientifico, ai quali devesi porre accanto un ricco materiale clinico e anatomico, via via accumulatosi durante gli anni di insegnamento e di pratica.

Né va dimenticato l'esercizio privato della professione, che arrecavagli assai numerosi gli ammalati, gente di ogni classe sociale. Si pensi poi che ospedale, cattedra, visite, concorsi, accademie, congressi assorbivano molte ore della sua vita...

Era uno di quegli esseri rari dall'attività fenomenale che la loro vita riempiono di molte vite»[16].

---

[16] A. Gemelli, *Un esemplare figura di medico cristiano: il professor Giuseppe Moscati*, in *Vita e Pensiero* (1930) 4.

VIII

LA «SIGNORA» DELLA VALLE

Valle di Pompei

C'è una storia che si intreccia con quella di Giuseppe Moscati e bisogna che ci fermiamo a considerarla perché ebbe grande importanza nella sua vita. È una storia che diede vita a una grande realtà di fede e di utilità sociale. Ancora oggi, si ammira il celebre Santuario di Pompei e la Madonna del Rosario che vi si venera, ma pochi sanno che questo Santuario e tutte le opere educative e sociali annesse ebbero origine proprio da questa storia.

Alla fine del 1800 Pompei era un agglomerato di povere abitazioni in una vallata alle falde del famoso vulcano del monte Somma, il Vesuvio. Poco distanti, le spettrali e celebri rovine dell'omonima città romana che fu sepolta dall'eruzione del 79 dopo Cristo.

La Pompei dell'Ottocento è chiamata «Valle di Pompei» a causa dell'avvallamento del terreno in cui si trova. È una terra abbandonata dove impera il brigantaggio, triste fenomeno italiano dell'epoca. La gente vive in una grande miseria e molta ignoranza. Ma bisogna sempre credere ai miracoli della Provvidenza. Infatti, un giovane avvocato residente a Napoli, un certo Bartolo Longo, si reca a Pompei per curare gli interessi della contessa Marianna De Fusco, proprietaria di alcuni fondi terrieri.

L'avvocato, arrivato sul posto, restò esterrefatto per la situazione di degrado in cui viveva la gente della valle. E della ignoranza religiosa che favoriva ricorsi a maghi e fat-

tucchiere, cosa che peggiorava ancora di più la situazione delle famiglie che venivano sfruttate nella loro credulità. Inoltre, nessuna struttura dello Stato era presente nel territorio e la gente viveva nella paura, abbandonata a se stessa e ai vari soprusi.
Ma andiamo per ordine.

Bisogna dire che questo giovane e promettente avvocato aveva una sua esperienza personale molto complessa. Si era convertito a una vita cristiana più impegnata dopo anni giovanili piuttosto spensierati e irrequieti. Prossimo alle nozze, vi aveva rinunciato e optato per il celibato dietro consiglio/pressione del suo confessore, convinto che il giovane dovesse dedicarsi totalmente a opere di apostolato. Ma per ora il futuro non è ancora chiaro. Intanto il giovane frequenta il palazzo di Caterina Volpicelli, una giovane (già citata) dell'alta borghesia napoletana che, rinunciando agli agi del suo rango, ospitava un cenacolo di preghiera e di opere caritative nella sua casa. Molte persone lo frequentavano, tra cui anche la famiglia Moscati.
L'avvocato, che nella sua visita a Valle di Pompei era rimasto scosso da quella situazione, nella sua sensibilità di cristiano e di apostolo, aveva promesso alla Madonna che avrebbe fatto conoscere a quella gente il suo rosario. Intanto si adopera per migliorare la vita degli abitanti. Comincia col prendersi cura dei bambini abbandonati per strada a tutti i pericoli mentre i genitori sono al lavoro tutto il giorno. Li istruisce e insegna a pregare. Poi insegnerà loro un mestiere aprendo una piccola tipografia dove stampa un giornaletto religioso e in seguito dei libri. Il consiglio gli era venuto da padre Ludovico da Casoria, il frate che si dedicava ai bambini abbandonati di Napoli e altrove, chiamato «il frate dei senza nessuno»[1].

---

[1] Cfr. nota n. 7, cap. I.

A poco a poco, il giovane avvocato diventa un punto di riferimento per la gente della valle ed egli comprende che la sua vocazione è quella di dedicarsi totalmente a quella causa: far conoscere la Madonna e aiutare la gente a migliorare il suo stato di vita. Soprattutto a curare i bambini abbandonati ma anche quelli che avevano i genitori nella impossibilità di provvedere.

L'infanzia abbandonata, all'epoca, aveva mille facce. Oltre agli orfani abbandonati sui sagrati delle chiese e alle porte dei conventi, vi erano i figli dei carcerati abbandonati a se stessi con i genitori in galera. Infatti, erano chiamati gli «orfani dello Stato». Vi furono episodi di disperazione nelle famiglie e Bartolo Longo decise di intervenire aprendo una casa per accogliere i figli dei carcerati. Ma gli stava a cuore anche il futuro di questi bambini e aprì una *Scuola di arti e mestieri* per calzolai e sarti perché avessero una sistemazione economica nella maggiore età.

L'avvocato Longo aveva conosciuto in casa Volpicelli la contessa Marianna De Fusco. Costei era una giovane vedova intelligente e molto influente nel suo ambiente. Conosciuto il progetto di promozione religiosa e sociale dell'avvocato, lo appoggiò pienamente mettendo a disposizione i suoi averi e prodigandosi per reperire fondi tra le sue conoscenze. Infatti, la sua collaborazione sarà preziosa per le opere pompeiane.

La presenza della contessa rese possibile anche l'apertura di una casa di accoglienza per le bambine orfane di cui si occupò personalmente per molti anni.

Intanto si verificò un fatto curioso in cui bisogna leggervi i segni della Provvidenza, di quel Dio che guida comunque e sempre i destini degli uomini, nonostante le apparenze.

Bartolo Longo aveva scelto il celibato e la giovane contessa non pensava affatto a risposarsi ma a dedicarsi ai suoi cinque figli, orfani del padre. Eppure, per poter continuare a collaborare per le opere pompeiane dovettero sposarsi. Questo, addirittura dietro consiglio del papa Leone XIII. Il pontefice consigliò loro il matrimonio per tacitare le insinuazioni malevoli e le calunnie che circolavano sulla loro collaborazione.

Si sposarono e i due coniugi apostoli lavorarono insieme per più di cinquant'anni, fino al termine della loro vita[2].

I grandi amici

Tra l'avvocato Bartolo Longo e il dottor Giuseppe Moscati vi fu una grande amicizia, nonostante il Moscati fosse molto più giovane. Tra i due vi era certamente una grande affinità spirituale: l'amore per l'eucaristia, per la Madonna... e una grande sensibilità per i bisogni altrui. Per tutto questo spendevano entrambi la vita, anche se in luoghi e modalità diverse.

Talvolta, si coglie nella loro amicizia anche una divertente ironia.

Moscati, scrivendo a Bartolo Longo, spesso si definiva «gran peccatore». Costui, una volta, colse l'occasione e si divertì a scrivere sulla busta da spedire al dottore:

«A Giuseppe Moscati, un gran peccatore, che esercita un grande apostolato a gloria di Dio e a bene delle anime»[3].

Moscati si occupa di molte cose, forse troppe. La professione medica lo costringe spesso in viaggio da un posto all'altro per visitare i suoi pazienti che aumentavano sempre di più col crescere della fama per la sua competenza professionale, quindi anche per consulti. Non per niente era chiamato dalla gente «il secondo Cardarelli». E il

---

[2] Per conoscere meglio la storia, vedere: A. L'Arco, *Il beato Bartolo Longo, mediatore tra il vangelo e l'uomo moderno*, Pontificio Santuario di Pompei 1987.
[3] Bartolo Longo chiuse la sua lunga vita il 3 ottobre del 1926 a 85 anni di età; il dottor Moscati morirà alcuni mesi dopo, a soli 46 anni, il 12 aprile del 1927.

professor Antonio Cardarelli era ritenuto il luminare della medicina partenopea dell'epoca, come già detto.

I numerosi impegni di Moscati vanno dall'Ospedale alla ricerca scientifica di laboratorio, dalle visite in studio a quelle a domicilio, all'insegnamento universitario per giovani medici, e quant'altro ancora. E tutte le mattine si trova in chiesa per la messa delle sei.

Considerando le giornate di Moscati così piene di impegni, viene da chiedersi dove prendesse l'energia necessaria a quel ritmo.

Ma egli aveva un suo modo per ricaricarsi spiritualmente e psicologicamente. Spesso scappava a Valle di Pompei. Là incontrava il suo amico e consigliere spirituale, l'avvocato Bartolo Longo che portava avanti le Opere pompeiane. Soprattutto incontrava la dolce «Signora» di Valle di Pompei, la Madonna del Rosario. Qui, ai suoi piedi, Moscati ritemprava il suo spirito e stemperava le sue apprensioni e le sue stanchezze.

Tuttavia, se riusciva a ricaricarsi a livello spirituale e psicologico, il suo fisico continuava a restare a corto di energie. La cosa non preoccupava affatto Moscati. Ma questo prolungato stato di cose lo porterà certamente ad abbreviare la vita, come opinarono alcuni colleghi alla sua morte prematura.

Quando il lavoro aumenterà oltre ogni limite, Moscati si lamenta con l'amico Bartolo che non può concedersi più neanche quel lusso dello spirito… E saluta dal treno la sua «Signora della Valle» mentre si reca là dove è atteso. Osserva, tra gli alberi, il campanile ancora in costruzione dove, nel Santuario, campeggia l'immagine amata della Vergine Maria.

La sua dedizione agli altri nella professione medica è totale. E non ha tempo per sé. Ma non importa, non se ne lamenta se non per prendere atto che non può più permettersi certi lussi, neppure quello di recarsi a pregare la Madonna in un Santuario e incontrare un amico.

Il professor Moscati fu anche medico personale dell'avvocato negli ultimi anni. Quando andava a pregare la Madonna al Santuario si fermava poi a visitare, *gratis,* non solo Bartolo Longo, suo amico, ma anche le suore dell'Istituto e i bambini e le bambine delle varie istituzioni che ne avessero bisogno, nonché eventuali altri infermi poveri che l'amico gli segnalava.

Il sacrestano del Santuario di Pompei depose al Processo che Moscati quando andava al Santuario non solo visitava gratuitamente quanti ne avevano bisogno, ma egli si accorse, non visto, che il professore introduceva nelle varie cassette delle offerte per il Santuario, per gli orfani, biglietti di grosso taglio.

Infatti, si constatò che dopo la morte di Moscati non si trovarono più banconote di grosso taglio tra le offerte. Anche perché talvolta egli infilava nella cassetta la busta che aveva ricevuto da qualche visita a un suo paziente.

«Commendatore», disse un giorno Moscati a Bartolo Longo, «con tutto il bene che ha fatto, la metteranno sugli altari». E l'avvocato di rimando: «Ma lei ci andrà prima di me!»[4].

E forse fu profezia perché Moscati è stato canonizzato dalla Chiesa il 25 ottobre del 1987, mentre il beato[5] Bartolo Longo aspetta ancora il Processo di canonizzazione che lo dichiari «santo».

Due giganti dell'amore di Dio e del prossimo che si rincorrono.

La «sua» Ave Maria

Moscati aveva un amore speciale per la Madonna, forse incoraggiato dall'esempio del rosario quotidiano che si

---

[4] D. Mondrone, *Bartolo Longo. Alcune stazioni sulla sua «via crucis»,* in *I santi ci sono ancora,* vol. I, Pro Sanctitate, Roma 1976.

[5] La beatificazione di Bartolo Longo avvenne il 26 ottobre 1980.

recitava nella sua famiglia. E il rosario lo reciterà sempre. Tra le sue note troviamo uno schema di come egli lo recitasse, al punto da farne una meditazione *visiva*, una contemplazione per ogni mistero.

«Per evitare distrazioni», scrive, «e per recitare con maggior trasporto e fervore l'Ave Maria, mi riporto col pensiero a una immagine della Beatissima Vergine:

- *Ave Maria, gratia plena*:
Il mio pensiero corre alla Madonna sotto il nome delle Grazie, così come è rappresentata nella chiesa di Santa Chiara[6].

- *Dominus tecum*:
Mi si presenta alla mente la SS.ma Vergine sotto il titolo del Rosario di Pompei.

- *Benedicta tu in mulieribus et benedictus fructus ventris tui, Jesus*:
Ho uno slancio di tenerezza per la Madonna del Buon Consiglio, che mi sorride, così come si trova nella chiesa delle Sacramentine. (Dinanzi a questa immagine Moscati aveva fatto il voto di celibato).

- *Benedicta tu in mulieribus*:
E se sto innanzi al tabernacolo, mi rivolgo al SS.mo Sacramento.
Benedictus fructus ventris tui, Jesus.

- *Sancta Maria, Mater Dei*:
Volo con l'affetto alla Madonna della Porziuncola di san Francesco d'Assisi. Ella implorò da Gesù Cristo il perdono dei peccatori, e il Figlio le rispose di non poterle negare nessuna cosa perché Madre sua!

---

[6] Questo affresco del XIV secolo era di un allievo di Giotto e andò perduto nel bombardamento del 4 agosto del 1943. L'incendio che ne seguì durò molte ore e distrusse molti antichi capolavori della chiesa di Santa Chiara.

- *Ora pro nobis peccatoribus*:
Ho lo sguardo alla Madonna quando apparve a Lourdes, dicendo che bisognava pregare per i peccatori.
- *Nunc et in hora mortis nostræ*.
Penso alla Madonna sotto il nome del Carmine, protettrice della mia famiglia. Confido nella Vergine che sotto il titolo del Carmine arricchisce di doni spirituali i moribondi e libera le anime dei morti nel Signore! »[7].

E tuttavia egli manifesta un po' di perplessità; si chiede se mai ci fosse superstizione nel contemplare tutte queste immagini di Maria in un'unica preghiera. Noi sappiamo che la Chiesa incoraggia l'uso delle immagini, perché esse hanno una valenza referenziale. Infatti, dall'immagine sensibile siamo facilitati a contemplare l'invisibile, il mistero che si pronuncia. Anzi, il Concilio di Nicea[8] afferma che «l'immagine è per noi occasione di un incontro personale, nella grazia dello Spirito Santo, con Colui che essa rappresenta». In questo caso, con «Colei» che essa rappresenta.

Il pensiero di questa Madre era, dunque, sempre presente nel cuore del professor Moscati. Di ritorno dal Congresso medico di Edimburgo (1923), progetta una deviazione e, da Parigi si dirige a Lourdes per una visita alla Madonna delle Apparizioni. Interessante il suo epistolario di quei giorni indirizzato ai familiari rimasti a Napoli. Come sempre, nelle sue lettere, si abbandona a descrizioni dettagliate di tutto ciò che vede. Nulla sfugge al suo finissimo senso dell'osservazione: il viaggio, i treni, le stazioni... quella orribile *Gare d'Orsay* di Parigi... Ma soprattutto il Santuario della Madonna.

---

[7] E. Marini, *Il prof. Giuseppe Moscati della Regia Università di Napoli*, Ed. Giannini e Figli, Napoli 1930².
[8] Il Concilio di Nicea del 787 d.C.

«Lourdes è una graziosa cittadina sui primi contrafforti dei Pirenei», scrive ai suoi. È attraversata da un fiume rapido, il Gave. Dove sono accentrate le case, mi è sembrato di rivedere Atripalda[9]; così come il lato verso la basilica, con il suo ampio orizzonte e la cintura di montagne e il bel suono delle campane mi ha fatto ricordare Serino. Montagne di rocce bruno-nere, contengono preziosi minerali (agata, onici, quarzo): e gli abitanti tagliano preziosi oggetti in queste pietre. Tutto è carissimo qui!»[10].

È curioso come Moscati ravvisi somiglianze con la sua terra di origine dovunque si trovi. Forse è una sorta di «effetto radici», quel legame cioè che raccorda comunque e sempre esperienze dell'oggi a quelle passate... sempre presenti!

E continua a descrivere minutamente il Santuario, in ultimo la grotta delle apparizioni che dice essere «più grande ma simile a quella di san Nicola da Tolentino» a Napoli. «La roccia è tutta affumicata, come la volta di un forno, per l'ardere delle numerose candele. Nella nicchia dell'apparizione v'è una non bella statua della Vergine, e al di sotto una iscrizione in dialetto basco: "Que soy era Immaculada Councepciou". Sulle pareti pendono stampelle e tutto un armamentario ortopedico».

Poi passa a descrivere le funzioni religiose con la stessa acuta osservazione. In modo particolare la processione con gli ammalati... E conclude:

«L'ostia passa silenziosa. Nessuna guarigione! Iddio che può in un istante ridare la vita, che è onnipotente, si volge ai cuori, alle anime, e le inonda di sempre maggiore rassegnazione. Non rimase Bernardetta, quella a cui prima apparve la SS.ma Vergine, asmatica, e per gli ultimi otto mesi della sua esistenza paralitica su di una sedia? Terminato il giro degli ammalati, la processione riprende, e

---

[9] Cittadina a pochi chilometri da Serino.
[10] A. Marranzini, *Giuseppe Moscati. Modello del laico cristiano di oggi*, ADP, Roma 2003.

dalle scale della chiesa del Rosario il sacerdote alza la teca ai tre angoli del mondo e benedice »[11].

Toccante, la riflessione del Moscati sul fatto che non tutti guariscono a Lourdes. Come medico, si arrende di fronte alla realtà di una malattia incurabile, ma come credente rivolge il suo interrogativo alla dimensione della fede. Ed egli sa che nella fede non ci sono risposte razionali, ma soltanto la forza per un fiducioso abbandono alla volontà di Dio, anche se incomprensibile.

Infatti, osserva che persino Bernardetta, la ragazza privilegiata dalla Vergine con le sue apparizioni, non fu guarita. Era asmatica e tale rimase, mentre molti altri guarivano. Anzi, Bernardetta visse gli ultimi otto mesi di vita paralizzata su una sedia a rotelle. Moscati è convinto che, in questi casi, Iddio se non guarisce i corpi si rivolge ai cuori in modo particolare, e li inonda di rassegnazione e di pace.

La rassegnazione... è il «lenire» il dolore del cuore, riuscendo ad accoglierlo nella pace, di fronte a un peso difficile da portare. E Dio non lascia mancare questo sollievo così umano e così necessario a chi soffre.

Nella chiesa dell'Immacolata in San Nicola da Tolentino, a Napoli, nei pressi della funicolare del Corso Vittorio Emanuele, già ricordata, Moscati fece apporre una lapide in marmo in onore di Maria, e c'è ancora, per una grazia ricevuta. Vi fece scolpire un versetto del *Cantico dei Cantici*:

«Veni, colomba
in foraminibus petrae,
in caverna maceriae,
ostende faciem tuam,
sonet vox tua,
mostra te esse matrem[12].
A.D. 1926 Giuseppe Moscati».

---

[11] *Ibidem*.
[12] «Vieni, colomba che stai negli anfratti delle rocce, mostrami il tuo viso, fammi sentire la tua voce, mostrati madre» (Ct 2,14).

La data della lapide rivela che Moscati era a un anno dalla morte. La sua fede, il suo amore per la Madre di Dio ha raggiunto certamente una grande profondità nel suo animo: è un innamorato di Maria e prende a prestito dalla Bibbia proprio il cantico d'amore per eccellenza, ma aggiunge: «Mostrati madre». È l'abbandono filiale a questa dolce Signora che, sotto vari titoli, ha alimentato la sua fede, ha sostenuto la sua solitudine e le fatiche della sua breve ma intensa esistenza.

Un declino annunciato

Moscati comincia ad avvertire una certa stanchezza, non solo fisica.

Durante il suo viaggio di Edimburgo (nel 1923, a quattro anni dalla morte), nell'andata fa una sosta a Torino e va a Messa nella chiesa di San Carlo dei Padri Serviti. Qui ricorda suo fratello che, militare in questa città, ebbe l'incidente che lo rese invalido per sempre. Poi confida alla Madonna la sua angoscia interiore.

«Vergine Maria, sapete che mi sono arreso a compiere questo viaggio, pur avendo perduto la gioia di vivere. La vita per me è ormai un dovere; voi radunate le mie scarse forze per convertirle in un apostolato. Troppo la vanità delle cose, l'ambizione forse, mi hanno deviato, mi hanno fatto apparire più forte d'intelletto e di scienza di quello che sono! I ricordi poi delle passate delizie e dei dolori della mia famiglia mi rafforzano in questa preghiera, in questo abbandono in Dio»[13].

Ci si può chiedere perché Moscati sperimenti questa angoscia interiore e questa stanchezza di vivere, questo disinteresse per la vita, che è diventata per lui solo dovere, insieme alle «scarse forze» fisiche che comincia ad avvertire.

---

[13] E. Marini, *Il prof. Giuseppe Moscati.*

Senz'altro la sua profonda sensibilità gli complicava le cose. Infatti, il ricordo di esperienze dolorose riaffiora di tanto in tanto nei suoi scritti. Si dirà che questo è di tutti. Tuttavia, non tutti reagiscono allo stesso modo di fronte agli eventi penosi della vita.

C'è chi soffre una situazione di dolore ma poi se ne fa una ragione e continua alacremente a guardarsi intorno: la vita continua. E c'è chi, invece, riesce a fatica a sopportare la stessa esperienza che, talvolta, si rinnova al solo ricordo.

Però Moscati aggiunge anche che i ricordi di «delizie e dolori familiari» lo rafforzano nella preghiera, nell'abbandono in Dio. Ma questo non toglie la sofferenza, anche se la stempera nella pace e nella serenità dell'abbandono alla volontà divina.

C'è anche da considerare che la professione di medico, come la esercitava Moscati, senza risparmiarsi, senza pensare minimamente a se stesso, costituiva senz'altro un affaticamento continuo, uno *stress* notevole, diremmo oggi. La sua professione certamente non gli offriva motivi per rallegrasi di fronte alle malattie che aveva sotto gli occhi ogni giorno, oltre a tutte le situazioni di indigenza che conosceva.

È illuminante, al riguardo, ricordare la preoccupazione di sua madre di fronte alla scelta del suo «Peppino» di diventare medico. Lei, come mamma, conosceva più di ogni altro la sensibilità del figlio. Ma conosciamo anche la risposta che il ragazzo di allora le diede per rassicurarla[14].

Moscati è un uomo di cultura e di scienza. La sua passione per la ricerca scientifica ne è una prova. E ancora la sua sensibilità gioca col dubbio della vanità, dell'ambizione. Che abbia esagerato le sue doti? Lui se lo domanda. Ma conosciamo la grande umiltà di quest'uomo che, di fronte al conflitto interiore, gestisce il tutto nella pace e

---

[14] Vedere p. 21.

cerca il suo punto sicuro di riferimento: la fede in Dio e una grande fiducia nella Madre di Dio.

Nel suo cuore di uomo celibe e consacrato, la figura di Maria ha un posto privilegiato; Maria è per lui un punto di riferimento, è la «donna» che gli è di sostegno e lo accompagna nel cammino della vita, lo si comprende anche da questa particolare confidenza che gli sgorga dal cuore certamente in un momento di fragilità e di sofferenza interiore. E poi c'è l'abbandono in Dio che in lui è continuo.

L'esperienza insegna che l'abbandono in Dio è basilare anche per il proprio equilibrio interiore. Questo abbandono fiducioso, se non libera dalla sofferenza, dona la serenità e il coraggio per andare avanti. È uno stabilirsi in Dio, nella sua volontà che diventa rassicurante non solo a livello spirituale ma anche a livello psicologico. Infatti, è pacificante pensare che non siamo abbandonati a noi stessi ma c'è «Qualcuno» che si prende cura di noi, nonostante tutto. E poi in Moscati c'è anche il desiderio dell'apostolo, di essere utile: «Voi radunate le mie scarse forze per convertirle in un apostolato»...

Sarà questo anelito di fede e di abbandono in Dio, unito allo spirito di dedizione agli altri, la ragione della sua vita, che resterà viva in lui fino all'ultimo.

IX
L'ESPERIENZA DELLA PREGHIERA

I suoi amori

Moscati subiva il fascino del soprannaturale. Lo spiega anche quel suo mattiniero, quotidiano incontrarsi col suo Signore prima di recarsi al lavoro in ospedale. La comunione eucaristica era per lui una necessità del cuore. Si può affermare che l'eucaristia, insieme alla devozione alla Madonna, furono i suoi «grandi amori» che gli consentivano di vivere una profonda vita interiore, nonostante l'intensa attività delle sue giornate.

Quando Moscati doveva viaggiare, cercava di fare la comunione prima di partire. E andava in cerca di una chiesa che fosse aperta di buon mattino. Ma, abitualmente, la sua preghiera mattutina con la messa e la comunione era nella vicina chiesa di Santa Chiara. Lì si fermava, in ginocchio, per vivere una intimità interiore col suo Signore, senza urgenza di sorta. Era il «suo» tempo, l'unico tempo della giornata tutto per sé, e che dedicava all'adorazione dell'Invisibile, del suo «Gesù-Amore». Durante il giorno, poi, il tempo non era più suo ma delle svariate incombenze professionali e non, di cui era costellata la sua giornata. Ma si assicurava prima l'incontro col suo Signore.

«Quando Iddio viene nel nostro cuore nella santa comunione, ci dà pace, rassegnazione, coraggio, speranza», scriveva a un suo collega.

Indubbiamente Moscati scriveva quello che lui stesso sperimentava nel quotidiano contatto col Signore nell'eucaristia. E se gli era possibile non se ne privava, a volte con grande sacrificio. Una signora ricorda di averlo visto più volte comunicarsi nel Santuario di Pompei a ora tarda. Poiché andava a visitare gli ammalati anche fuori Napoli: Salerno, Campobasso, Amalfi... quando era di ritorno, solitamente tardi (viaggiava in treno), entrava in chiesa per comunicarsi.

La preghiera ha sempre avuto un posto privilegiato nella vita di Giuseppe Moscati.
Le sue giornate erano molto dense per ritagliarsi uno spazio di preghiera durante il giorno. E allora lui si organizzava: al mattino alle sei era già in chiesa, a Santa Chiara per la messa e vi restava del tempo in preghiera. Anzi, tutti sapevano che il dottore era disponibile a qualsiasi bisogno, sia che si trovasse agli Incurabili sia a casa sua, ma quando al mattino presto si trovava a Santa Chiara desiderava essere lasciato libero. Aveva bisogno di trattenersi un po' di tempo con l'Invisibile. Senza dubbio attingeva in quei momenti mattutini l'energia spirituale necessaria per il suo lavoro che lo avrebbe assorbito interamente durante la giornata, non solo fisicamente.

La preghiera è per lui una esigenza interiore che lo porta a raccogliersi appena ne ha l'occasione. Un giorno, su un tram affollato, un sacerdote amico lo scorge tutto assorto: a testa bassa, gli occhi socchiusi. Arrivati alla fermata dove solitamente il professore scendeva, il sacerdote si premura di avvisarlo. Egli si scuote e sorride; poi dice che stava pensando alla grandezza di Dio.
È mirabile che questo giovane medico, laico, preso dai problemi della sua professione, in un tram affollato, si ritagli uno spazio per pensare alla grandezza di Dio...
In effetti la preghiera non è altro che una comunione con l'Invisibile. Dio diventa il «Tu» relazionale del proprio mondo interiore, dei propri affetti e interessi. Il tutto

ruota in quell'orbita di serenità e di pace che promana da un centro unificato e unificante: la presenza di Dio in noi, cercata e amata.

Moscati aveva di queste esperienze. Anzi, era abituale in lui rivolgersi all'Invisibile, specialmente in momenti particolari.

Ricorda un collega che, alla morte di suo padre, quando Moscati arrivò lo trovò già morto. Allora egli, senza rivolgersi ai parenti, si inginocchiò semplicemente accanto al defunto e si raccolse in preghiera per alcuni minuti.

Moscati sa che il Signore può consolare molto di più delle sue parole e si raccoglie in preghiera per chi è partito per l'altra dimensione di vita... e per quelli che sono rimasti nel dolore.

L'eucaristia

«L'eucaristia è il sacramento che chiude e completa il cammino di iniziazione cristiana, avviato col Battesimo e proseguito con la Cresima; un cammino che consacra la creatura umana, la inserisce nel popolo di Dio, la incorpora in Cristo come membro del suo corpo che è la Chiesa»[1].

L'amore all'eucaristia, al mistero della presenza del Cristo tra noi, dilata il cuore al di là degli interessi personali e raggiunge i bisogni dei fratelli. Moscati viveva questa dimensione umana ed ecclesiale del suo amore all'eucaristia, *Presenza* viva del Signore nella sua vita. Il mistero di questa *Presenza* lo sosteneva, dava ali ai suoi pensieri e al suo prodigarsi senza tregua.

A un saggio indiano fu chiesto che cosa pensasse di Gesù. E il saggio rispose: «Io non penso nulla di lui. Io lo amo». Moscati avrebbe dato senz'altro la stessa risposta.

---

[1] CEI, «*Fare di Cristo il cuore del mondo*». *Lettera ai fedeli laici*, 2005.

Nell'appartamento di via Cisterna dell'Olio, a Napoli, Moscati aveva scelto per sé una stanza d'angolo, tra l'altro veramente piccola, ma che aveva per lui un vantaggio: la stanza aveva la finestra che affacciava sull'abside della chiesa del Gesù Nuovo e il giovane dottore si sentiva in qualche modo in comunione col suo Signore che abitava nel tabernacolo della chiesa vicina.

Era come se le distanze con l'Invisibile si accorciassero potendo egli vedere dalla sua stanza la dimora di Dio e adorarlo. La fede, come l'amore, va alimentata. La creatura umana ha bisogno di segni sensibili per vivere dell'Invisibile. Siamo fatti così. E il professor Moscati non ne era esente, come tutti. Perciò curava di alimentare la sua fede, il suo amore per il Signore anche attraverso segni esteriori, come il guardare l'abside di una chiesa e adorarvi il Signore nascosto...

Certamente Moscati coltivava sempre in sé un continuo contatto con l'Invisibile. È il senso dell'adorazione di Dio che è molto vivo in lui. Il sentirsi in comunione col suo Signore era, per lui, una necessità diremmo affettiva. Durante uno dei suoi viaggi, mentre descrive le cose interessanti che vede, cogliamo una piccola nota per comprendere il suo mondo interiore.

Durante il viaggio da Napoli a Edimburgo per il Congresso di fisiologia già citato e che fu fatto a tappe, Moscati non ebbe sempre la possibilità di ricevere l'eucaristia. Infatti, annota nel suo diario di viaggio:

«Ore 11 del 19 luglio. Arrivo a Torino. Oggi, mio Dio, sono stato senza di Te».

E il 21 luglio scrive:

«Siamo prossimi a Parigi: la Seine, e poi il treno si ingolfa in un groviglio di binari ed entra nella Gare de Lion, simile molto a quella di Torino. Dovremmo aspettare il treno di raccordo con la Gare du Nord, ma preferiamo prendere due taxi e correre in largo Parigi. (...) Si percorrono vari boulevards (Beaumarchais, Fille du Calvaire, Magenta, Place de la Republique) e si arriva alla Gare du Nord. Si vede, passando, la chiesa di Saint Laurent. Anche oggi senza di te, mio Dio! »[2].

Quell'« anche oggi senza di te » è senz'altro indicativo della fede di Moscati nell'eucaristia, e del bisogno di incontrarsi col suo Signore. Cosa che non gli era sempre possibile durante quei giorni di viaggio.

Per Moscati, dunque, incontrarsi ogni giorno col Signore nell'eucaristia è una consuetudine di vita. E tale da sentirne fortemente la mancanza. È l'esperienza di un dono di vita, con l'esigenza di una comunione continua con l'Essere amato che supera le barriere del visibile per sprofondare nel mistero che diventa dimora abituale dello spirito.

Del resto, ne abbiamo un'immagine nell'amore umano (quando è autentico), in quel bisogno di un punto di contatto, magari simbolico, che ci richiama la presenza amata se ne siamo lontani. Anche se Richard Bach nel suo delizioso libretto, *Nessun luogo è lontano*[3], afferma che « se desideri essere accanto a qualcuno che ami, non ci sei forse già? ».

È vero, nessun luogo è lontano da chi amiamo purché esiste una forte realtà interiore di « comunanza » di vita. E tuttavia qualche elemento « visibile » è necessario alla nostra sensibilità di esseri umani, aiuta.

Moscati viveva una « comunanza » interiore con Dio e in modo pieno, se si considera il suo stile di vita, non solo di preghiera ma anche di relazioni con la realtà umana che lo circondava. Allievi, colleghi, amici, ammalati, abitanti del suo quartiere... sono tutti concordi nel ricordare la squisita umanità e disponibilità del « dottore ».

---

[2] E. Marini, *Il prof. Giuseppe Moscati della Regia Università di Napoli,* Ed. Giannini e Figli, Napoli 1930[2].
[3] R. Bach, *Nessun luogo è lontano*, Rizzoli, Milano 2002.

Indubbiamente tutto ciò gli veniva proprio da quella «comunanza» interiore col suo Signore, col Gesù dei Vangeli e del suo messaggio a cui certamente ispirava la sua vita. Egli riesce a vivere questo suo *status vitae* perché cura quei *punti di contatto* con l'Invisibile, indispensabili all'amore: l'incontro quotidiano col Maestro nell'eucaristia e la preghiera. Il tutto, poi, riverbera nelle relazioni con gli altri.

X

MARTEDÌ SANTO 1927

Via Cisterna dell'olio

L'ansia di Moscati è di lavorare nella vigna del Signore, il più possibile.

«Io sto bene», scrive ai suoi da Londra nel 1923, «tranne che con gli occhi. Ma vi assicuro che non ci do importanza. Invece è necessario che mi senta la forza fisica per lavorare (e quanto più è possibile) nella vigna del Signore, e io questa forza me la sento»[1].

Da allora è passato del tempo. Siamo nel 1927. È il 12 aprile, martedì santo. Tra qualche giorno è la Pasqua del Signore.

Moscati torna a casa dall'Ospedale. Per strada incontra Maddalena Aloi e chiede notizie di sua madre che aveva avuto in cura. Poi la invita a venire a casa sua quel giorno per tenere compagnia a sua sorella perché... «oggi morirò». Naturalmente la giovane non vi bada pensando a una battuta scherzosa.

Moscati avvertiva l'avvicinarsi della «sua» ora? Forse.

Qualche mese prima aveva scritto a un suo allievo infermo: «Guarirete. E Iddio vi domanderà conto della vita che vi donerà. E quando, da qui a mille anni, comparirete alla sua presenza, voi dovrete rispondere: "Signore, ho

---

[1] E. Marini, *Il prof. Giuseppe Moscati della Regia Università di Napoli*, Ed. Giannini e Figli, Napoli 1930².

compiuto bene la mia giornata! Ho operato per la maggior tua gloria!"»[2].

Quel senso del dovere, della missione, dell'altruismo era molto vivo nel dottor Moscati. Probabilmente la sua salute fu minata proprio da questo assillo continuo, da questo non risparmiarsi, non aver cura di sé. La sua salute stava precipitando e qualche collega amico glielo aveva fatto notare, ma egli era là, al mattino presto, in ginocchio sui gradini di marmo di Santa Chiara a pregare, incurante degli acciacchi e della stanchezza. E poi all'ospedale, come sempre.

Circa un mese prima della morte rivela in una lettera le difficoltà del suo stato di salute. Scrive per ringraziare di un dono ricevuto da una persona che aveva curato gratuitamente.

«Sono in piedi per uno sforzo di volontà, uno di quelli a cui siete stato abituato da tempo! Scrivo anche a stento, ma debbo esternarvi la mia gratitudine per un dono che non meritavo e non desideravo. Mio grande premio è stato sapervi risanato. Ringrazio prima Iddio perché mi ha elargito la grazia della vostra salute! Riportiamo a Dio tutto quanto accade di bene e sentiremo nel cuore la pace e la tranquillità. Verrò a ringraziarvi di persona, non appena questa malattia, che mi serpeggia addosso, sarà svanita»[3].

Una malattia che gli serpeggia addosso... È incredibile! Manca poco più di un mese alla sua morte! È incredibile che un medico del suo livello, abbia trascurato di valutare i segnali premonitori che il fisico gli stava mandando da tempo.

Ma, forse, quando sul quadrante della vita si avvicina l'ora ultima stabilita dall'Orologiaio supremo... nessuno pensa che il giro delle lancette possa essere così rapido.

---

[2] A. Marranzini, *Giuseppe Moscati. Modello del laico cristiano di oggi,* ADP, Roma 2003.
[3] *Ibidem.*

Dunque, quel 12 aprile Moscati, tornato dall'ospedale, dopo pranzo, sta visitando nel suo studio. Una paziente nel salutarlo nota il pallore del suo viso e gli chiede se sta bene. Il dottore risponde che quando si lavora si sta sempre bene. Ma non è così. Rimasto solo, si siede nella poltrona forse per riprendere fiato, solo qualche momento.

Ma la sabbia della sua clessidra è agli ultimi granelli. Il cuore non regge più. Ed egli esce dal «tempo» per entrare nell'«eternità» di Dio.

«Vengo dalle pieghe del tempo,
dalle rocce aride della vita
che già conoscesti, Amore...
Conducimi ai luminosi
prati dell'altra riva
in attesa dei cieli nuovi
e della terra nuova che verrà.
Amore... Amore che sei l'Eterno!».

Moscati, premuroso che i suoi pazienti gravi ricevessero il conforto degli ultimi sacramenti, lui, quel conforto non lo ha potuto avere. Non c'è stato il tempo. Egli che tanto si adoperava perché altri ne beneficiassero... Il sacerdote, chiamato in tutta fretta, gli amministrò il sacramento dell'Unzione degli infermi[4] *sub condicione*, sotto condizione. Chi conosce i disegni di Dio?

Tuttavia, l'incontro col suo Signore avveniva ogni giorno nella messa e nell'eucaristia del mattino, e avvenne anche in quel giorno ultimo.

E poi, la sua vita era certamente un colloquio ininterrotto con Dio, con la sua dolcissima Madre che contemplava nella recita del Rosario, in quel modo tutto suo. Si

---

[4] Allora si diceva «L'Estrema unzione», viatico per l'ultimo viaggio. Ora si dice, più opportunamente, «Unzione degli infermi», sacramento, cioè di conforto e talvolta anche di aiuto a guarire per chi è malato. Come spiega san Giacomo nella sua Lettera (Gc 5,14-15).

era talmente stabilito in Dio da poter considerare la sua vita una consuetudine di «vita a due» con l'Invisibile ma presente Iddio. Perciò, l'incontro col volto di Dio che avviene con la morte di ognuno, sarà stato per Moscati una esperienza in continuità con quella vissuta nella fede della vita terrena. «Io so in Chi ho creduto...», potrebbe affermare con l'apostolo Paolo (2Tm 1,12).

In una fede così profonda non c'è posto per nessun timore. Non può far paura la morte improvvisa. E Moscati morì di morte improvvisa.

Ma niente è improvviso per chi si è stabilito in Dio, roccia che non crolla.

Dio è l'Eterno Presente.

Dalla memoria di tanti

Il professor Moscati se n'è andato discretamente, così come aveva vissuto. Ma lo stupore per la sua morte prematura sconvolse Napoli. Il cordoglio e il rimpianto era palese. I poveri, alla notizia della sua morte, sconcertati ripetevano: «È morto il dottor Moscati? Gesù, Gesù... E noi come facciamo?». Moscati era un punto di riferimento per tutti, ma specialmente per loro, i poveri.

Ai suoi funerali due giorni dopo, il giovedì santo, partecipò una folla immensa, come scrive in un lungo articolo *Il Mattino* del 15 aprile 1927:

«Intorno alla salma di Giuseppe Moscati si è raccolta riverente tutta la cittadinanza, rappresentata in ogni sua classe. Poche volte Napoli ha assistito a uno spettacolo così imponente nella sua infinita tristezza, e che sta a dimostrare quanto affetto, quanta stima e ammirazione avesse raccolto l'uomo che seppe fare della sua professione un nobilissimo apostolato, che seppe dimostrare come possano conciliarsi in un animo nobile, la religione con la scienza».

E accompagnarono la salma di Moscati, continua *Il Mat-*

tino, «tutte le personalità presenti in città, il presidente della Camera, i senatori, i deputati, le autorità cittadine, gli scienziati, i medici, i chirurghi, i professori universitari, i magistrati, i rappresentanti del Foro, l'aristocrazia, gli studenti e una folla immensa di amici, ammiratori, discepoli...».

Il rimpianto per la morte prematura di Moscati evidenzia in modo particolare la grande considerazione che godeva la sua persona.

Il professor Giulio Palumbo ne tratteggia un profilo sintetico e illuminante sulla rivista medica. Egli afferma che Moscati non è importante perché era un uomo dotto, uno scienziato, perché di dotti e di scienziati ve ne sono anche più di lui; e neanche perché era uno specialista nella carità; né perché possedeva il carisma di incoraggiare nella fede. Ma è importante perché soltanto il dottor Moscati racchiudeva in sé queste qualità «tutte insieme e in modo mirabile».

È difficile, infatti, trovare, egli dice: «Un medico che unisca alla vasta dottrina il profondo intuito clinico, e li unisca alla grande modestia, e li unisca ancora al disinteresse e alla carità eccezionali, e accompagni, oltre a ciò, l'opera sua con parole di sollievo e di conforto che vanno diritte al cuore e trasformano, come per incanto, lo stato sofferente, indipendentemente dalla cura»[5].

Dopo la sua morte, arrivavano di continuo alla sorella Nina numerose testimonianze su quel fratello che tutti rimpiangevano.

Una signora, Emilia Mattarocci, racconta che un giorno usciva dalla chiesa di Caravaggio, e vide un signore distinto che diede una moneta a un povero che si trovava sulla porta. Ma ciò che sconcertò la signora fu che quell'uomo prese la mano del povero che era tesa verso di lui e gliela baciò con profondo rispetto. «Io e altre persone rimanemmo trasecolate davanti a tanta umiltà. In quell'uomo che si era de-

---

[5] G. Palumbo, in *Il Pensiero Sanitario*, Napoli, 15 aprile 1927.

gnato di baciare la mano del povero, dopo averlo beneficato, riconobbi il suo grande fratello scomparso, il pio, buono, il caritatevole professore Giuseppe Moscati »[6].

Il signor Allaria che all'epoca collaborava nel Santuario di Pompei, dopo la morte del dottore scrisse a Nina:
«I meriti incalcolabili del professor Moscati sono non negli scritti, ma nell'opera sua di scienziato emerito e di apostolo coraggioso. Egli è stato l'uomo forte nella pratica delle più preclare virtù, pio, generoso, lavoratore instancabile, tanto da cader vittima del lavoro eccessivo che si imponeva pur di rendersi utile all'umanità »[7].

E il dottor Francesco Pasini, allievo di Moscati, dopo la morte del maestro, così scriveva alla sorella:
«Un animo dotato di virtù, quali il disinteresse che egli aveva del guadagno di fronte al bene dell'ammalato, la sua coscienza adamantina e soprattutto quel rispetto che nutriva per gli altri colleghi, in modo che la sua superiorità morale lo metteva al di sopra delle beghe professionali e dei piccoli intrighi, diventando così la sua una vita di apostolo. La vita di Giuseppe Moscati dovrebbe scriversi non sulla carta ma sulle pareti della terza sala degl'Incurabili, e vorrei essere padrone dello scalpello per poter incidere sul marmo questo nome gigante »[8].

Il dottor Carmine Piscitelli, aggiunge:
«Il nome di Giuseppe Moscati vive nell'arte medica con somma gloria, alla pari di Cardarelli; vive negli studenti, che lo ebbero a maestro; vive nei colleghi con grande ammirazione, per le sue ispirazioni profetiche di diagnosi; vive in coloro che strappò alla morte; vive nel cuore dei suoi che lo amavano di tenerissimo amore; vive soprattutto nel cuore del popolo napoletano »[9].

---

[6] A. Marini, *Il prof. Giuseppe Moscati*.
[7] *Ibidem*.
[8] *Ibidem*.
[9] *Ibidem*.

Infatti, ancora oggi, a distanza di tanti anni, se vi trovate a Napoli e parlate con qualcuno accennando a san Giuseppe Moscati, invariabilmente vi dirà: «Chi, il dottor Moscati?». Oppure: «Ah, Moscati!». Per tutti gli abitanti della città e dintorni, anche dopo la sua canonizzazione da parte della Chiesa, san Giuseppe Moscati è, e rimane sempre «il dottore», «il dottor Moscati»; uno della porta accanto, una persona amica.

«Intorno alla memoria del professor Moscati è tutto un movimento di stupore e di ammirazione», scriveva nel 1929 monsignor Ercolano Marini, arcivescovo di Amalfi e primo biografo di Moscati. «E siamo ad appena due anni dalla sua morte. Che sarà da qui a dieci, a venti, trent'anni?»[10].

La figura di Moscati, infatti, travalica subito i continenti. Non solo in Europa ma anche in America si fa strada l'interesse per questo giovane medico di cui si vuol conoscere la vita. La prima edizione del libro di Marini, *Il prof. Giuseppe Moscati della Regia Università di Napoli*, viene esaurita in meno di un anno e viene ristampata fino a raggiungere la tiratura di seimila copie diffuse in pochissimo tempo; un vero record per quei tempi.

La considerazione per la santità di questo «medico dei poveri» si diffondeva sempre di più, al punto che la Magistratura, il Foro, il Collegio Medico di Napoli, Prelati e Superiori di ordini regolari si mobilitarono per chiedere il «deposito canonico» della salma del professore, il trasferimento, cioè, dal cimitero a una chiesa, in vista di un processo canonico per il riconoscimento della sua santità da parte della Chiesa.

Infatti, il 16 novembre del 1930, tre anni dopo la morte, la salma di Giuseppe Moscati viene traslata dal cimitero di Poggioreale di Napoli alla chiesa del Gesù Nuovo.

[10] *Ibidem*.

Una folla immensa, anche allora, scorta il feretro per le vie della città fino a Piazza del Gesù dove viene tumulata nella chiesa. Sono presenti autorità e cittadini. Tutte le strade sono affollate, compreso i vicoli di Napoli. Il «dottor Moscati» ritornava nel suo quartiere, in quella chiesa del Gesù Nuovo che tante volte lo aveva visto in preghiera.

Da allora, la sua tomba è meta ininterrotta di persone che vanno a trovare «il dottore». Le pareti dei locali adiacenti la chiesa si coprono man mano di *ex voto* per grazie ricevute da quest'uomo che la gente già considera santo.

Oggi, nella cappella del Gesù Nuovo, una splendida urna in bronzo ne custodisce i resti mortali e racconta, in un trittico a bassorilievo, la vita generosa di Moscati: professore all'università, consolatore di chi soffre, medico tra gli infermi. Al centro del trittico campeggia l'eucaristia, che riverbera fasci di luce dal bronzo, a illuminare l'opera dell'apostolo medico.

Qui, in qualunque giorno dell'anno, inspiegabilmente c'è sempre qualcuno che si ferma in preghiera, chi si inginocchia, chi si siede, un altro se ne va, altri arrivano portando fiori, magari umili mazzetti. È un movimento silenzioso e continuo. Certamente di fede e di speranza, ed è gente di tutte le età, di tutte le estrazioni sociali. E poi ci sono i tanti pellegrinaggi che si susseguono durante l'anno.

Il 16 novembre di ogni anno, festa di san Giuseppe Moscati, attorno alla sua statua, all'altare e nella cappella è una vera foresta di fasci di fiori di tutti i tipi: omaggio affettuoso di gente che viene a ringraziare il santo per una grazia già ricevuta o da ricevere, o semplicemente per confidargli qualche pena. E c'è chi si siede nei banchi soltanto per restare un po' in compagnia di quest'uomo straordinario, veramente grande nella sua fede.

Testimone dell'Invisibile Iddio.

XI
VERSO GLI ALTARI

La beatificazione

Nel 1929, a due anni dalla morte del professor Moscati, mons. Angelo Giuseppe Roncalli, futuro Papa Giovanni XXIII, dopo aver letto la biografia di Moscati scritta da Marini[1], si congratulava con l'autore per aver presentato «questa mirabile figura di laico perfetto, splendido fiore di santità e di scienza, onore del nostro secolo: *lumen Ecclesiae*. Non mi farei meraviglia se se ne volesse introdurre la causa di beatificazione, nel qual caso sarei pronto a sottoscrivere la supplica»[2].

Moscati godeva di grande stima e venerazione, in qualche modo, già da vivo. Ma alla sua morte fu una sorte di plebiscito nel considerarlo santo.

La beatificazione avvenne il 16 novembre 1975 in Piazza San Pietro. Papa Giovanni non c'era più. C'era papa Paolo VI che aggiunse «alla schiera degli eroici campioni delle virtù cristiane la figura nobile, semplice, radiosa del professor Giuseppe Moscati», come si espresse nell'omelia che definì la figura di Moscati.

«Un laico che ha fatto della sua vita una missione percorsa con autenticità evangelica, spendendo stupenda-

---

[1] E. Marini, *Il prof. Giuseppe Moscati della Regia Università di Napoli,* Ed. Giannini e Figli, Napoli 1930².

[2] A. Marranzini, *Giuseppe Moscati. Modello del laico cristiano oggi,* ADP, Roma 2003.

mente i talenti ricevuti da Dio; un medico che ha fatto della professione una palestra di apostolato, una missione di carità, uno strumento di elevazione a sé e di conquista degli altri a Cristo Salvatore; un professore di università, che ha lasciato tra i suoi alunni una scia di profonda ammirazione non solo per l'altissima dottrina, ma anche e specialmente per l'esempio di dirittura morale, di limpidezza interiore, di dedizione assoluta data alla cattedra; uno scienziato d'alta scuola, nota per i suoi contributi scientifici di alto livello internazionale, per le pubblicazioni e i viaggi, per le diagnosi illuminate e sicure, per gli interventi arditi e precorritori!».

«La figura del professor Moscati conferma che la vocazione alla santità è per tutti, anzi è possibile a tutti. È un invito che parte dal cuore di Dio Padre, il quale ci santifica e ci divinizza per la grazia meritataci da Cristo, sostenuta dal dono del suo Spirito, alimentata dai sacramenti, trasmessa dalla Chiesa»[3].

La canonizzazione

E arrivò anche la tappa della canonizzazione per il «medico dei poveri». La Chiesa riconosceva l'eroicità delle sue virtù e lo additava al mondo.

In quei giorni era in corso a Roma il Sinodo, cioè l'«Assemblea Generale dei Vescovi» su: *Vocazione e missione dei laici nella Chiesa e nel mondo a vent'anni dal Concilio Vaticano II* (1-30 ottobre 1987).

Il tema dei laici era, dunque, di particolare interesse e attualità in quel periodo, perciò, l'evento della canonizzazione di un laico apparve particolarmente opportuna.

Già il Concilio Vaticano II col *Decreto sull'Apostolato dei laici* si era espresso in modo nuovo sull'identità del lai-

---

[3] Omelia, in *Acta Apostolicæ Sedis* 67 (1975) 714.

co e della sua missione nella Chiesa di Dio, e questo aveva aperto nuovi orizzonti:

«Il sacro Concilio scongiura nel Signore tutti i laici a rispondere volentieri, con animo generoso e con cuore pronto, alla voce di Cristo, che in quest'ora li invita con maggiore insistenza, e all'impulso dello Spirito Santo. In modo speciale i più giovani sentano questo appello come rivolto a se stessi, e l'accolgano con slancio e magnanimità. Il Signore stesso, infatti, ancora una volta per mezzo di questo santo Sinodo invita tutti i laici a unirsi sempre più intimamente a Lui e, sentendo come proprio tutto ciò che è di Lui» (AA 33).

Alla fine del Sinodo di ottobre, Giovanni Paolo II promulgò l'Esortazione apostolica post sinodale *Christifideles laici. Vocazione e missione dei laici nella Chiesa e nel mondo*. Questo Sinodo ratificava il pensiero del Vaticano II sul laicato e ne ampliava le linee di presenza operativa e apostolica:

«La partecipazione dei fedeli laici al triplice ufficio di Cristo *sacerdote*, *profeta* e *re* trova la sua radice prima nell'unzione del Battesimo, il suo sviluppo nella Confermazione e il suo compimento e sostegno dinamico nell'eucaristia.

- I fedeli laici sono partecipi dell'*ufficio sacerdotale*, per il quale Gesù ha offerto se stesso sulla croce e continuamente si offre nella celebrazione eucaristica a gloria del Padre per la salvezza dell'umanità. Incorporati a Gesù Cristo, i battezzati sono uniti a Lui e al suo sacrificio nell'offerta di se stessi e di tutte le loro attività.

- La partecipazione all'*ufficio profetico* di Cristo, il quale e con la testimonianza della vita e con la virtù della parola ha proclamato il Regno del Padre, abilita e impegna i fedeli laici ad accogliere nella fede il Vangelo e ad annunciarlo con la parola e con le opere.

- Per la loro appartenenza a Cristo Signore e Re dell'universo i fedeli laici partecipano al suo *ufficio regale* e sono da Lui chiamati al servizio del regno di Dio e alla sua diffusione nella storia» (CL 14).

Si intravede, come in filigrana, la figura del professor Moscati in queste tre caratteristiche della vocazione del laico nella Chiesa tratteggiate dal Documento post sinodale:

- la sua vita spesa realmente come offerta di sé in quel «sacerdozio del medico» a beneficio dei bisognosi;
- non si è risparmiato per annunciare il mistero di Dio e il suo amore con la parola e con la vita;
- ha vissuto in modo profondo la sua appartenenza a Cristo Signore e si è speso nel servizio per il Regno di Dio e i bisogni dei fratelli.

San Giuseppe Moscati

È il 25 ottobre del 1987.
Il colonnato del Bernini accoglie nelle sue braccia di travertino migliaia di pellegrini da ogni parte d'Italia e anche dall'estero. I giornali parlano di circa centomila persone. Tutti convenuti in Piazza San Pietro per la canonizzazione del professor Giuseppe Moscati. Questa canonizzazione riguardava un uomo che aveva vissuto in pienezza il suo *status* di laico nella Chiesa di Dio. La sua vita generosa gettava fasci di luce sul cammino dei laici come possibilità vocazionale, con un ruolo specifico nel lavoro della vigna del Signore.

Ricordiamo alcuni passi dell'Omelia che Giovanni Paolo II tenne durante la messa della canonizzazione del professor Moscati:

«L'uomo che da oggi invocheremo come santo della Chiesa universale, si presenta a noi come un'attuazione concreta dell'ideale del cristiano laico.

Giuseppe Moscati, medico, primario ospedaliero, insigne ricercatore, docente universitario di fisiologia umana e di chimica fisiologica, visse i suoi molteplici compiti con tutto l'impegno e la serietà che l'esercizio di queste delicate professioni laicali richiedono. Da questo punto di vista Moscati costituisce un esempio non soltanto da ammirare, ma da imitare, soprattutto da parte degli operatori sanitari. Egli si pone come esempio anche per chi non condivide la sua fede.

Il movente della sua attività come medico non fu il solo dovere professionale, ma la consapevolezza di essere stato posto da Dio nel mondo per operare secondo i suoi piani, per apportare quindi, con amore, il sollievo che la scienza medica offre nel lenire il dolore e ridare la salute. Egli fu anticipatore e protagonista di quella umanizzazione della medicina, avvertita oggi come condizione necessaria per una rinnovata attenzione e assistenza a chi soffre.

Ogni aspetto della vita di questo laico medico ci appare animato da quella nota che è la più tipica del cristianesimo: l'amore che Cristo ha lasciato ai suoi seguaci come il "suo" comandamento. Di questa sua personale esperienza del valore centrale del cristianesimo egli ha lasciato numerose tracce nei suoi scritti. Sono parole che a noi, oggi, suonano quasi come un testamento:

"Non la scienza, ma la carità ha trasformato il mondo", egli osservava; "solo pochissimi uomini sono passati alla storia per la scienza; ma tutti potranno rimanere imperituri, simbolo dell'eternità della vita, in cui la morte non è che una tappa, una metamorfosi per un più alto ascenso, se si dedicheranno al bene"».

San Giuseppe Moscati resta sempre il «medico curante» del corpo e dello spirito di chiunque ricorre a lui. Non per niente i suoi concittadini continuano a chiamarlo: «Il dottor Moscati».

APPENDICE

I MIRACOLI

Dopo la morte del professor Moscati si verificarono molti casi di guarigioni ritenute straordinarie e attribuite alla sua intercessione presso Dio.

Infatti, ancora oggi le pareti interne accanto allo studio di Moscati[4] sono tappezzate di *ex voto* di tutti i tipi e dimensioni, segni di riconoscenza e della fede di tante persone attraverso gli anni, fino ad oggi.

Tralasciamo tutti gli interventi ritenuti miracolosi o comunque straordinari (peraltro l'elenco sarebbe troppo lungo) e ricordiamo soltanto i tre miracoli riportati per la beatificazione e la canonizzazione del professor Moscati.

Il miracolo avvenuto nel 1941

Raffaele Perrotta, studente nel Convitto San Tommaso d'Aquino di Piedimonte D'Alife, si ammalò all'improvviso e gravemente di *meningite cerebrospinale meningococcica*. Fu ordinato l'isolamento e il trasferimento in famiglia. Intanto le condizioni del ragazzo si aggravavano: febbre alta, tremore, agitazione e delirio. Il parroco, conosciuta la gravità del caso, portò all'infermo l'immagine di Giuseppe Moscati. Sua madre, visto che non c'erano speranze per

---

[4] Lo Studio delle visite e la camera da letto di Moscati sono state ricomposte nelle sale interne del Gesù Nuovo. Nina Moscati, dopo la morte del fratello, donò il tutto ai padri Gesuiti che ne allestirono il museo, aperto a tutti.

la guarigione del figlio, mise l'immagine di Moscati sotto il cuscino del ragazzo e cominciarono tutti a pregare. Passate alcune ore, durante la notte il ragazzo riprese conoscenza, e al mattino i medici dissero che non aveva bisogno di nessuna cura. La guarigione fu improvvisa.

Fatti gli accertamenti clinici, la malattia non risultò più. Meravigliò molto l'immediata guarigione di un male che faceva prevedere la morte certa del giovane.

Raffaele Perrotta si sposò ed ebbe sei figli.

Il 16 novembre 1975 era presente con tutta la famiglia alla beatificazione di Giuseppe Moscati, in Piazza San Pietro.

Il miracolo avvenuto nel 1954

Il maresciallo Costantino Nazzaro di Avellino, nel 1923, giovanissimo, ebbe un ascesso freddo alla coscia destra e dolori alla colonna vertebrale. Ricoverato in ospedale, dopo molte cure non guarì del tutto ma gli rimase una fistola; inoltre, l'infiammazione passò anche a sinistra. In seguito si sposò e continuò a lavorare in discreta salute. Ma nel 1943 cominciò a peggiorare con sintomi allarmanti e gli fu riscontrato il *morbo di Addison*, ritenuto una malattia molto rara che lo avrebbe portato alla morte. I medici non davano nessuna speranza.

Un giorno l'ammalato entrò nella chiesa del Gesù Nuovo e vide molta gente che pregava davanti alla tomba di Giuseppe Moscati. Cominciò a pregarlo anche lui per la sua guarigione, e con lui pregava la famiglia. Dopo alcuni mesi, una notte sognò di essere operato dal professor Moscati che sostituì la parte malata del corpo con tessuti vivi. E Moscati gli disse di non prendere più medicine. Quando si svegliò si trovò perfettamente guarito e presto tornò a lavorare. I medici non riuscirono a spiegare la sua guarigione.

Il miracolo avvenuto nel 1979

Nel 1978 Giuseppe Montefusco, di Somma Vesuviana (Napoli), era un giovane di vent'anni in ottima salute, ma cominciò ad accusare vari sintomi che portarono alla diagnosi di *leucemia acuta mieloblastica*, e in forma grave, che lo avrebbe portato in breve alla morte. Per circa un anno venne curato con ripetuti cicli di terapie di supporto. Ma poi il giovane non era più andato ai controlli e né ripetuto i cicli di cura. Anzi, aveva ripreso il suo lavoro di fabbro e conduceva una vita normale.

Tutto questo lo si doveva a un fatto straordinario che raccontò poi sua madre. La signora, nello sconforto per la salute del figlio che non dava più speranze, una notte vide in sogno la fotografia di un medico in camice bianco. Molte persone gli portavano delle offerte. Anche lei offrì duemila lire. Quando si svegliò andò dal parroco a raccontare il sogno. Il parroco disse che certamente si trattava del professor Moscati che si trova nella chiesa del Gesù Nuovo. Lei ci andò. Quando vide il quadro di Moscati ne fu scossa: era quello del sogno. Domandò se poteva acquistarlo e quando chiese il costo le dissero: offerta di duemila lire. Portato il quadro a casa, parenti e amici pregavano il professor Moscati. Anche l'ammalato, dall'ospedale, pregava Moscati, e applicavano una sua immagine sul petto del giovane. Intanto l'ammalato cominciò a migliorare, e in meno di un mese guarì perfettamente.

Una consulta medica, dopo aver esaminato il caso e la documentazione clinica, affermò la straordinarietà della guarigione di Giusppe Montefusco e parlò di caso non spiegabile. Questo miracolo portò alla canonizzazione di Giuseppe Moscati il 25 ottobre 1987 in Piazza San Pietro.

Montefusco si sposò nel 1988. Nel 1989 i due coniugi arrivarono alla festa di Moscati il 16 novembre, con la loro bambina che avevano chiamata Giusy, in segno di riconoscenza per san Giuseppe Moscati.

Nella rivista bimestrale *Il Gesù Nuovo*, vengono pubblicate, volta per volta, le relazioni di numerose grazie (miracoli?) che le persone ricevono di continuo da san Giuseppe Moscati.

SPIGOLANDO... TRA GLI SCRITTI DEL PROFESSOR MOSCATI

* Riponiamo tutto il nostro affetto, non solo nelle cose che Dio vuole, ma nella volontà dello stesso Dio che le determina.

* Iddio che tutto ci ha dato ci domanderà conto del modo come abbiamo speso i suoi doni! Beati noi medici tanto spesso incapaci di allontanare una malattia, beati noi se ci ricordiamo che oltre i corpi abbiamo di fronte delle anime immortali, divine, per le quali ci urge il precetto evangelico di amarle come noi stessi.

* Non la scienza, ma la carità ha trasformato il mondo in alcuni periodi; e solo pochissimi uomini sono passati alla storia per la scienza; ma tutti potranno rimanere imperituri, simbolo dell'eternità della vita, in cui la morte non è che una tappa, una metamorfosi per un più alto livello di vita, se si dedicheranno al bene.

* Non dimentichiamo di fare ogni giorno, anzi, ogni momento, l'offerta delle nostre azioni a Dio compiendo tutto per amore.

* Valorizzate la vita! Non dissipate il tempo in recriminazioni di felicità perdute, in elucubrazioni. *Servite Domino in laetitia*. Di ogni minuto vi sarà domandato conto!

* La vita non finisce con la morte, continua in un modo migliore. A tutti è stato promesso, dopo la redenzione del mondo, il giorno che ci ricongiungerà ai nostri cari estinti, e che ci riporterà al supremo Amore.

* Non siate triste! Ricordatevi che vivere è missione, è dovere, è dolore! Ognuno di noi deve avere il suo posto di combattimento. Se Iddio vuole che esercitiate la vostra nobile missione fra quella gente, significa che vuol servirsi di voi per seminare il bene in quei cuori.

* Ricordatevi che non solo del corpo vi dovete occupare, ma delle anime afflitte che ricorrono a voi. Quanti dolori voi lenirete più facilmente con il consiglio e scendendo nello spirito, anziché con le fredde prescrizioni da inviare al farmacista!

* Il bisogno di eternare nel marmo e nel bronzo le grandi figure scomparse, e celebrarne l'opera, sta a dimostrare che il pensiero e lo spirito umano sono eterni.

* Attraverso i miei diuturni studi compiuti, e le conoscenze dei vari popoli d'Europa e dei loro costumi, ho radicato sempre più la credenza dell'aldilà. L'ingegno umano così possente, capace di manifestazioni di bellezza e di verità e di bene, non può essere che divino, e l'anima e il pensiero umano a Dio devono ritornare.

* Dio non abbandona nessuno. Quanto più vi sentite solo, trascurato, vilipeso, incompreso... presso a soccombere sotto il peso di una grave ingiustizia, avrete la sensazione di un'infinita forza arcana che vi sorregge, e di cui vi meraviglierete quando tornerete sereno. E questa forza è Dio!

* Che cosa possono fare gli uomini? Che cosa possono opporre alle leggi eterne della vita? Ecco la necessità del rifugio in Dio. Tuttavia, noi medici dobbiamo cercare di alleviare la sofferenza.

* Mio Gesù, Amore! Il vostro amore mi rende sublime; il vostro amore mi santifica, mi volge non verso una sola creatura, ma a tutte le creature, all'infinita bellezza di tutti gli esseri, creati a vostra immagine e somiglianza.

* Ogni incanto della vita passa. Resta solo eterno l'amore, causa di ogni opera buona, l'amore che sopravvive a noi, perché l'amore è Dio!

* Non lascerete di coltivare e rivedere ogni giorno le vostre conoscenze. Il progresso sta in una continua critica di quanto apprendemmo. Una sola scienza è incrollabile e incrollata, quella rivelata da Dio, la scienza dell'aldilà.

* Non bisogna accasciarsi, ma mettere in pratica una delle quattro virtù cardinali, la fortezza. Accasciarsi significa giustificare le ragioni che gli altri accampano per imporci un orientamento piuttosto che un altro.

* Augurandovi di ritemprare ben presto la vostra salute, mi permetto da lontano ricordarvi che tutto è passeggero quaggiù. Non c'è che una gloria, una speranza, una grandezza: quella che Dio promette ai suoi servi fedeli! Ritornate all'osservanza religiosa e vi giuro che, oltre il vostro spirito ne sarà nutrita la vostra carne; guarirete con l'anima e con il corpo, perché avrete preso la prima medicina, l'infinito Amore!

* Il dolore va trattato non come un guizzo o una contrazione muscolare, ma come il grido di un'anima, a cui un fratello, il medico, accorre con l'ardore dell'amore, della carità.

* Ricordatevi che, seguendo la medicina, si assume la responsabilità di una sublime missione. Perseverate con Dio nel cuore, con gli insegnamenti di vostro padre e di vostra mamma sempre nella memoria, con amore e pietà

per chi è nel bisogno, con fede e con entusiasmo, sordo alle lodi e alle critiche, irremovibile di fronte all'invidia, disposto solo al bene.

* È vero, è vero che il giogo del Signore è leggero e soave. Quando si ama il Signore non si sentono più pene e se ve ne sono diventano dolci. Arrivando ad amare fortemente il Signore, si desiderano e si amano i patimenti.

* Quando Iddio viene nel nostro cuore nella santa comunione, ci dà pace, rassegnazione, coraggio, speranza.

* Ama la verità, mostrati quale sei, senza infingimenti, senza paura e senza riguardi. E se la verità ti costa la persecuzione, tu accettala; e se tormento, tu sopportalo. E se per la verità dovessi sacrificare te stesso e la tua vita, tu sii forte nel sacrificio.

* Spirito Santo, eterno amore, vieni in noi con i tuoi ardori, vieni, infiamma i nostri cuori col tuo santo divino amore.

CRONOLOGIA

25 luglio 1880	Giuseppe Moscati nasce a Benevento da Francesco e Rosa De Luca.
31 luglio	È battezzato con i nomi di Giuseppe, Maria, Carlo, Alfonso.
1881	Il magistrato Moscati è promosso consigliere della Corte d'Appello ad Ancona e vi si trasferisce con la famiglia.
1884	Il magistrato Moscati è promosso giudice della Corte d'Appello di Napoli. È l'ultimo trasferimento della famiglia Moscati. Dopo varie abitazioni si stabiliranno nel palazzo di Via Cisterna dell'Olio, 10.
1897	Giuseppe consegue la maturità classica. Si iscrive alla Facoltà di Medicina.
21 dicembre	Muore il padre.
4 agosto 1903	Laurea in Medicina col massimo dei voti. Nello stesso anno vince il concorso per aiuto straordinario agli Ospedali Riuniti.
2 giugno 1904	Muore il fratello Alberto.
Aprile 1906	Salva i ricoverati dell'Ospedale di Torre del Greco durante l'eruzione del Vesuvio di quell'anno.
1908	Assistente ordinario negli Ospedali Riuniti.
1911	Assistenza ai colpiti dal colera. Aiuto ordinario nell'Istituto di chimica fisiologica. Socio aggregato alla Regia Accademia medico-chirurgica. Libera docenza in chimica fisiologica.

	Partecipa al Congresso Internazionale di Fisiologia a Vienna. Visita alla città di Budapest. Vince il concorso al servizio di laboratorio nell'Ospedale Cotugno e per medico condotto.
1911-1923	Insegna all'Ospedale degli Incurabili.
25 novembre 1914	Muore la madre.
1915-1918	È Direttore del reparto militare.
1916-1917	Supplisce il professor Pasquale Malerba alla cattedra di chimica fisiologica.
1917-1920	Supplenza al professor Filippo Bottazzi per la chimica clinica.
1919	È Primario alla III Sala dell'Ospedale degli Incurabili. Rinunzia alla cattedra universitaria resasi libera con la morte del professor Malerba.
14 ottobre 1922	Libera docenza, per titoli in clinica medica generale.
18 luglio - 10 agosto 1923	Viaggio a Edimburgo per il Congresso Internazionale di Fisiologia, con tappe a Roma, Torino, Parigi, Londra e Lourdes.
12 aprile 1927	Muore nel suo studio in Via Cisterna dell'Olio, 10.
16 novembre 1930	Traslazione della salma dal Cimitero dei Pellegrini a Poggioreale, alla Chiesa del Gesù Nuovo.
6 luglio 1931	Inizio del processo sulla fama di santità.
13 giugno 1942	Termine del processo. Su 27 testi oculari che avevano deposto 13 erano medici, di cui 4 erano stati colleghi di Moscati e suoi alunni.
16 novembre 1975	Beatificazione in Piazza San Pietro.
25 ottobre 1987	Canonizzazione in Piazza San Pietro alla conclusione del Sinodo dei Vescovi sulla missione del laico nella Chiesa.

La festa liturgica di san Giuseppe Moscati è fissata al 16 novembre di ogni anno.

BIBLIOGRAFIA

Bach R., *Nessun luogo è lontano*, Rizzoli 2002.
Bergamini P., *Laico cioè cristiano. San Giuseppe Moscati medico*, Marietti, Genova 2003.
CEI, «*Fare di Cristo il cuore del mondo*». *Lettera ai fedeli laici*, 2005.
Costituzione Dogmatica sulla Chiesa, *Lumen gentium*, V, 39-40.
Croce B., in Aa.vv., *Ischia, storia di un'isola vulcanica*, Napoli 1987.
D'Onofrio F., *Giuseppe Moscati. Medico, docente, santo*, Campania Serafica, Napoli 1995.
De Giovanni G. - M. Mazzeo, *L'eugenetica*, Napoli 1925.
De Maupassant G., *La vie errante*, Ollendorf 1890, traduzione di L. Di Costanzo in *Dadapolis*, Einaudi, Torino 1989.
Decreto sull'apostolato dei laici, *Apostolicam actuositatem* 1.
Gemelli A., *Un esemplare figura di medico cristiano: il professor Giuseppe Moscati*, in *Vita e Pensiero* (1930) 4.
Gibran K., *Il profeta*, Paoline Editoriale Libri, Milano 2001.
Giovanni Paolo II, Esortazione apostolica *Familiaris consortio* 16.
Goethe J.W., *Viaggio in Italia: 1786-1788*, Rizzoli, Milano 1999.
Infusino G., *Un santo in corsia. Giuseppe Moscati*, Paoline, Alba (CN) 1987.
Insegnamenti di Paolo VI, XIII, Libreria Editrice Vaticana 1975, pp. 1290-1296.
Marini E., *Il prof. Giuseppe Moscati della Regia Università di Napoli*, F. Giannini e Figli, Napoli 1930².
Marranzini A., *Chiesa di Santa Maria della sanità*, Elea Press, Salerno 1993.
Marranzini A., *Giuseppe Moscati. Modello del laico cristiano oggi*, ADP, Roma 2003.
Marranzini A., *Giuseppe Moscati. Un esponente della scuola medica napoletana*, ADP, Roma 2005.
Marranzini A., *Il monastero di Santa Maria della Sanità*, Clarisse di S. Lucia di Serino 1996.

Mondrone D., *Bartolo Longo. Alcune stazioni sulla sua «via crucis»*, in *I santi ci sono ancora*, vol. I, Pro Sanctitate, Roma 1976.
Munthe A., *La città dolente*, Mephite, Atripalda (AV) 2004.
Munthe A., *La storia di san Michele*, Garzanti, Milano 1997, pp. 141-159.
Papàsogli G., *Giuseppe Moscati. Il medico santo*, Paoline Editoriale Libri, Milano 1998³.
Plinio il Giovane, *Lettere ai familiari*, Rizzoli, Milano 2000.
Poma A., *Un santo in camice bianco*, Paoline, Alba (CN) 1946.
Quagliariello G., *Archivio di Scienze biologiche*, vol. 9, Napoli 1927.
Tripodoro A., *Giuseppe Moscati. Il medico dei poveri*, Paoline Editoriale Libri, Milano 2008³.

Indirizzo:

CHIESA DEL GESÙ NUOVO
Piazza del Gesù Nuovo, 2 - 80134 Napoli
Telefono 081-5518613 / 081-5578111
Fax 081 - 5518613
Indirizzo di posta elettronica
moscati@gesuiti.it

INDICE

Premessa   pag.   7

I   RADICI   »   11

     «Peppino»   »   11
     Santa Lucia di Serino   »   13
     Napoli, l'antica Partenope   »   18

II   CAMICE E STETOSCOPIO   »   21

     «Sarò medico»   »   21
     La morte del padre   »   24
     La carriera medica   »   25
     Il Vesuvio   »   28
     Torre del Greco   »   30

III   UNA SCELTA DI VITA   »   33

     Matrimonio o celibato?   »   33
     Il mistero di una chiamata   »   34
     Esigente e comprensivo   »   37
     Statura morale   »   40

IV   «SACERDOZIO» DEL MEDICO   »   44

     Laico e apostolo   »   44
     Un «sacerdozio» particolare   »   45

	I laici nella Chiesa	pag.	48
	La missione del medico	»	50
	«Primus inter pares»	»	53
V	UN MEDICO MOLTO «UMANO»	»	56
	Una opinione comune	»	56
	Preveggenza?	»	59
	Fede profonda e carità operativa	»	62
	Il «medico dei poveri»	»	67
	Un medico povero	»	69
	Muore la madre	»	71
	Nina	»	72
VI	GIUSEPPE MOSCATI, L'UOMO	»	76
	Il fascino, il carattere	»	76
	Burbero e socievole	»	77
	Notizie di viaggio	»	80
	Il più bel Paese del mondo	»	85
	Interessi culturali	»	87
VII	TRA SCIENZA E FEDE	»	90
	Uomo di cultura e di fede profonda	»	90
	Congresso di Edimburgo	»	93
	«Deus absconditus»	»	94
	Solo Dio è incrollabile	»	98
VIII	LA «SIGNORA» DELLA VALLE	»	102
	Valle di Pompei	»	102
	I grandi amici	»	105
	La «sua» Ave Maria	»	107
	Un declino annunciato	»	112

IX	L'ESPERIENZA DELLA PREGHIERA	pag.	115
	I suoi amori	»	115
	L'eucaristia	»	117
X	MARTEDÌ SANTO 1927	»	121
	Via Cisterna dell'olio	»	121
	Dalla memoria di tanti	»	124
XI	VERSO GLI ALTARI	»	129
	La beatificazione	»	129
	La canonizzazione	»	130
	San Giuseppe Moscati	»	132
APPENDICE		»	135
	I miracoli	»	137
	Spigolando…	»	141
Cronologia		»	145
Bibliografia		»	147

UOMINI E DONNE

La collana si propone di raccogliere, in biografie storico-critiche, uomini e donne la cui fede ed esperienza di vita hanno arricchito la storia di valori umani e spirituali.

18. Franca Zambonini, *Teresa di Calcutta, la matita di Dio*
24. Domenico Agasso, *Tecla, antenna della «buona notizia»*
28. Claudio Ragaini, *Don Tonino, fratello vescovo*
35. Yves Chiron, *Padre Pio, una strada di misericordia*
36. Valentino Salvoldi (a cura di), *Häring. Un'autobiografia a mo' di intervista*
40. Guglielmo Zannoni, *Testimone della misericordia del Padre, suor Erminia Brunetti*
41. Angelo Maria Tentori, *La Madonna a Ghiaie di Bonate? Una proposta di riflessione*
42. Michel Arseneault, *Un sogno per la vita. Lucille e Piero Corti, una coppia di medici in prima linea*
44. Angelo Maria Tentori, *La Bella Signora delle Tre Fontane. Storia della Vergine della Rivelazione*
46. Mario Sgarbossa, *Giacomo Alberione. «Una meraviglia del nostro secolo»*
47. Wilhelm Hünermann, *Fatima. Una storia meravigliosa*
48. Jean Guitton, *Ritratto di Marthe Robin. Una mistica del nostro tempo*
50. Silvano Girotto, *Mi chiamavano Frate Mitra*
52. Angelo Maria Tentori, *Sorriso tra gli abeti. La Vergine dei poveri di Banneux*
53. Emanuela Zuccalà, *Risvegliato dai lupi. Un francescano tra i carcerati: delitti, cadute, rinascite*
54. Giuliana Pelucchi, *L'amore più grande. Santa Gianna Beretta Molla*
55. Alessandro Pronzato, *Il folle di Dio. San Luigi Orione*
56. Lina Farronato, *Mia madre. Una vita donata*
57. Fabio Finazzi, *Fratello lupo. Un francescano tra gli ergastolani*
58. Miela Fagiolo d'Attilia, *Laurita delle Ande. Vita di Laura Vicuña*
59. Rodolfo Doni, *Giorgio La Pira. Profeta di dialogo e di pace*
60. Luciana Frassati (a cura di), *Mio fratello Pier Giorgio - La fede*
61. Giuliana Pelucchi, *Fratel Ettore. Un gigante della carità*
62. Emanuela Zuccalà, *Sopravvissuta ad Auschwitz. Liliana Segre fra le ultime testimoni della Shoah*
63. Tito Paolo Zecca, *Gli angeli nella vita e negli scritti di Gemma Galgani*
64. Beatrice Immediata, *Un apostolo senza frontiere. Don Bernardo Antonini*
65. Francesco Anfossi, *E li guardò negli occhi. Storia di padre Pino Puglisi, il prete ucciso dalla mafia*
66. Paola Angeli, *La profezia di Angela Merici. Una sfida per il nostro tempo*
67. Pawel Zuchniewicz, *Giovanni Paolo II. Il Papa «chiamato di un Paese lontano»*
68. Gabriele Bernardelli (ed.), *«Ubbidientissimo servo». Don Luigi Savaré, il prete dei giovani*
69. Christian Feldmann, *Frère Roger di Taizé. Una speranza viva*
70. Marco Girardo, *Sopravvissuti e dimenticati. Il dramma delle foibe e l'esodo dei giuliano-dalmati*
71. Ruggiero Francavilla, *Jacques Fesch. L'avventura della fede di un condannato a morte*
72. Romeo Panciroli, *Una coppia esemplare. Sergio e Domenica Bernardini*
73. Claire Ly, *Tornata dall'inferno. La vicenda sconvolgente di una donna sopravvissuta all'orrore dei Khmer rossi*
74. Annachiara Valle, *Teresilla. La suora degli Anni di piombo*
75. Gianni Barral, *Borovnica '45 al confine orientale d'Italia. Memorie di un ufficiale italiano*

76. Rosario Giuè, *Il costo della memoria. Don Peppe Diana, il prete ucciso dalla camorra*
77. Gian Domenico Mazzocato, *Il vento e la roccia. Anna Maria Feder Piazza, un'educatrice «ribelle»*
78. Laura Badaracchi, *Luigi Di Liegro. Profeta di carità e giustizia*
79. Maurizio De Paoli, *Antonio Rosmini. Maestro e profeta*
80. Angelo Comini, *Una vita per la vita. Il ginecologo Giancarlo Bertolotti*
81. Luca Frigerio, *Noi nei lager. Testimonianze di militari italiani internati nei campi nazisti*
82. Robert Masson, *Madeleine Delbrêl. Basterebbe credere*
83. Claire Ly, *Ritorno in Cambogia. Cammino di libertà dell'autrice di Tornata dall'inferno*
85. Maria Luisa Di Blasi, *Il mio nome è Tecla. Vita e ritratto di Teresa Merlo*
86. Roberto Lucio Fugazzotto, *Maestra Vincenti. Una paolina colta e coraggiosa*
88. Beatrice Immediata, *Giuseppe Moscati. Un uomo, un medico, un santo*

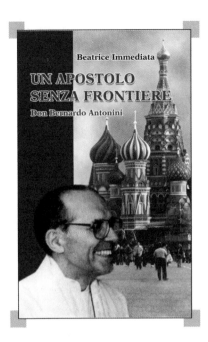

La Messa di don Bernardo sul davanzale della finestra, divenuto altare, è un momento intenso di quella Grazia redentiva del sacrificio di Cristo che travalica il tempo e lo spazio e diventa non solo la Messa su Mosca ma «la Messa sul mondo».

«Ho ascoltato Liliana Segre una sera di qualche anno fa. Mi colpì subito il suo modo pacato e oggettivo di parlare di argomenti tremendi, con una fortissima partecipazione emotiva che traspariva dietro le parole ma non cadeva mai nella retorica. Mi colpì anche la sua assenza di odio, il suo amore per la vita, la sua capacità di cogliere segni di vita anche in luoghi di morte».

Card. Carlo Maria Martini

Stampa: Àncora Arti Grafiche - Milano - 2009